Homemade American "KONGARI" Recipes

シカゴ発 絶品こんがりレシピ

岸田夕子（勇気凛りん）
イカロス出版

Homemade American "KONGARI" Recipes

我が家のおふくろの味は「シカゴの味」。

　私がアメリカに住み始めたのは21年前。その頃、私を含め多くの日本人が持っていたアメリカの食のイメージは「量が多い」「脂っこい」「甘い」と、決していいものではありませんでした。ところが実際に暮らしてみると、多民族ゆえのおいしい食に出会うことができました。アメリカに暮らしながら世界の料理を楽しめる！　私にとっては本当に勉強になり、それ以上に食べること、料理することを楽しめた16年間でした。

　一般にアメリカ人は料理をしない、というイメージもあるかもしれませんが、決してそんなことはありません。ポットラックパーティー発祥地でもあるアメリカでは、持ち寄りパーティーがとても多いのです。たとえば私が住んでいた地域では、ご近所数十件が近くの広場にテーブルや椅子を持ち出して、一日中食べてしゃべって過ごすブロックパーティーというものが頻繁に行われていました。お料理を一品持って、好きな時間に行って、好きなだけ楽しむのです。その時に持ち寄られるお料理といえば、今でこそ日本でも作られていますが、当時の私には初めて出会うトルティーヤロールだったり、ナチョスだったり、アーティチョークのディップだったり。そして彼女たちは、レシピを見て料理することが多いのか、作り方を教えてとお願いすると、すぐにレシピをコピーして持ってきてくれました。そんな風にして覚えたアメリカ料理のほとんどが本当においしいと思えるものばかりでした。

　娘たちは幼稚園の頃からずっと日本人のいない学校に通っていたので、当然、言葉も食の傾向もアメリカンになりがちでした。ですから我が家での食事は意識して和食中心にしていました。一時帰国した折に、祖母たちが作る食事をおいしいと思って食べられる子に育ってほしかったからです。言葉と一緒です。おじいちゃんやおばあちゃんと会話のできない子になってほしくなかった。ですからシカゴでの我が家に一歩入れば食文化も言葉もそこは日本でした。

　帰国して早くも5年が過ぎました。今、日本で暮らす2人の娘が懐かしむ味の多くは、シカゴで出会ったアメリカの味。彼女たちにとっての母の味もなぜかアメリカンだったりするのです。この本には、そんな我が家のお気に入りの「おふくろの味」、シカゴで出会った本当に美味しいレシピを詰め込みました。

本書の使い方

【材料表について】
- 小さじ1は5ml、大さじ1は15ml、1カップは200ml、米1合は180mlです。
- 調味料の「適量」とはお好みの量です。お好みの味になるよう調整してください。
- エキストラバージンオリーブオイル(EXVオリーブオイル)、太白ごま油を使用しています。キャノーラ油やサラダ油などお好みで。
- 無塩バターと有塩バターを使い分けています。材料表で無塩バターとしているレシピを有塩バターで作る際は塩を加減してください。スイーツ類は無塩バターの使用をおすすめします。
- 野菜は特に記載がない限り、皮つきの重量です。野菜の「皮をむく」などの調理工程は省略していますので、ことわりのない限り必要に応じて調理してください。
- 電子レンジの加熱時間は600Wを基準にしています。500Wの場合は1.2倍、700Wの場合は0.8倍を目安に加減してください。機種によって差が生じることがあります。
- オーブンやオーブントースターで加熱調理する前に付属の説明書をよく読んで、耐熱の器を使用してください。
- オーブンの加熱時間はお使いのオーブンによって差が生じることがあります。本書記載の加熱時間を参考に、最適な加熱時間になるよう調整してください。
- 本書はオーブンやスキレット、フライパン調理等、高温加熱調理がほとんどなので、くれぐれも火傷等にはご注意ください。

【専門店での購入がおすすめの食材】
- cotta　http://www.cotta.jp/
  cottaオートミール、冷凍ホールグリオット、森永チョコクランチN
- カルディコーヒーファームオンラインストア　http://kaldi-online.com/
  アーティチョーク・マリネード、マスタードピクルス、
  スキッピー・ピーナッツバター・チャンク、カソナード
- おもちゃ箱オンラインストア　http://www.omochabako.co.jp/
  ヒマラヤピンクソルト

Cassonade
カソナード(P89)

Mustard Pickles
マスタードピクルス(P82)

Himalayan
Pink Salt
ヒマラヤピンクソルト
(P82)

Artichoke Marinade
アーティチョーク・マリネード
(P75)

Oatmeal　　*Whole Griot*　　*Choco Crunch*

cottaオートミール(P83)　　冷凍ホールグリオット(P94)　　森永チョコクランチN(P77)

Skippy
Peanut Butter Chunk
スキッピー・ピーナッツバター・チャンク
(P77)

Contents

002 　我が家のおふくろの味は「シカゴの味」。

Part 1 • Gratin / Casserole

アメリカのママの味
グラタン・キャセロール・
オーブン料理

008 　マカロニアンドチーズキャセロール
010 　サーモン・マカロニアンドチーズ・クスクス仕上げ
011 　スチームベジ・マカロニアンドチーズ
012 　なすとズッキーニのラザニア
014 　ズッキーニボートとパプリカカップのボロネーゼグラタン
015 　ミート＆ホワイトソースアランチーニ
016 　海老マカロニグラタン
017 　チキンマカロニトマトグラタン
018 　オムカレードリア風
019 　さつま芋とかぶのゴルゴンゾーラグラタン
020 　ツナヌードルトマトキャセロール
021 　いんげんキャセロール・ケイジャンチキンのせ

Part 2 • Skillet

アメリカの食卓に
欠かせないもの
スキレット料理

024 　ダッチベイビー
026 　　ダッチベイビー・ネギピザ風
　　　 ダッチベイビー・キャベツの巣ごもり卵
027 　　ダッチベイビー・ルッコラとスモークサーモンサラダ
　　　 ダッチベイビー・チョコバナナクレープ風
028 　アヒージョ　豚ヒレ肉と長ねぎのアヒージョ
030 　　砂肝とマッシュルームのアヒージョ
　　　 たこと丸ごとにんにくのアヒージョ
031 　　真鯛とペコロスのアヒージョ
　　　 マッシュルームとオリーブのアヒージョ
032 　スキレット　野菜フリッタータ
033 　　トマトいかめし
034 　　野菜とカマンベールチーズのグリル
035 　　キャラメルメープルフレンチトースト
036 　　こんがり塩バターバームクーヘン
037 　　ドイツ風アップルパンケーキ

Part 3 • Potato / Tomato / Avocado / Corn

野菜が主役の
こんがりレシピ

040 　じゃがいも　ポテトスキン
042 　　ハッシュブラウンとフライドエッグ／
　　　 ハッシュブラウンカントリータイプ
044 　　ミートソースとクリームポテトのキャセロール
045 　　揚げない！コロッケ風ココット
046 　　スカラップドポテト／スカラップドポテトコロッケ

	048	トマト 彩りトマトのガーリックトースト
	050	焼きトマトと枝豆のホットサラダ
	051	トマト入りオニオングラタンスープ
	052	トマトカップ焼きボロネーゼ
	053	トマトドレッシングでスライスマッシュルームのサラダ
	054	アボカド 半割アボカドソテー ベーコンバルサミコソース
	056	柚子胡椒とクリームチーズのアボカドディップ
		アボカドクリームスタッフドエッグ
		アボカドディップとキャベツのホットサンド
	058	アボカドソースのハンバーガー
	060	カジキソテーのアボカドマッシュルームオニオンサンド
	061	アンチョビとアボカドのバゲットサンド
	062	とうもろこし オーブンでジューシー焼きとうもろこし
	064	コーンプディングキャセロール
	065	パプリカカップのコーンプディング

Part 4 • Holidays And Event Recipes

こんがりレシピで おもてなし

066	ローストレモンチキンでおもてなしテーブル
068	ローストレモンチキン
069	パンプキンオリーブオイルミルクスープ
	シュリンプカクテル
070	ミニチーズパフ／にんじんとクランベリーのサラダ
071	チョコプディング／ジンジャースナップ
072	ローストポークでおもてなしテーブル
074	ローストポーク
075	あさりと野菜のガーリックワイン蒸し
	スピナッチアーティチョークディップ
076	レンズ豆のスープ／コーンブレッド
077	チョコディップフルーツ／ピーナッツバタークッキー
078	BBQ & オレンジベイビーバックリブでおもてなし
080	BBQ & オレンジベイビーバックリブ
081	ホタテベ コンソテー
	紫玉ねぎとグレープフルーツのサラダ
082	ピンクソルトとオリーブオイル、ブラックオリーブのフォカッチャ
	フレッシュトマトレリッシュ
083	シナモンカラメルバナナとフワフワメレンゲデザート
	チョコチップオートミールクッキー

Part 5 • Sweets

食後に欠かせない 甘いデザート

086	レモンメレンゲタルト
088	クルミのクロッカン
090	ズッキーニブレッド
091	メキシカンフラン
092	シナモンクラムケーキ
093	サワークリームドーナツ
094	グリオットブラウニー
095	アップサイドダウンケーキ

Casserole

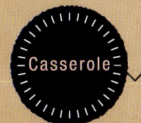

キャセロールとは?

アメリカのオーブン料理に使われる耐熱器のことで、キャセロールを使った料理全般も指します。器ひとつなのでポットラックにも便利で、訪問先でオーブンを借りて仕上げるのもあり!

アメリカのママの味
グラタン・キャセロール・オーブン料理

オーブン料理というと、手の込んだ料理や難しい料理を想像しませんか? でもまったく逆。材料全部をひとつの容器に入れてオーブンにおまかせ。そしてそのまま食卓へグツグツおいしそうな音と一緒に出せるのです。後片付けだって容器ひとつ。楽々おいしいのがオーブン料理です。

Part.1 Gratin / Casserole

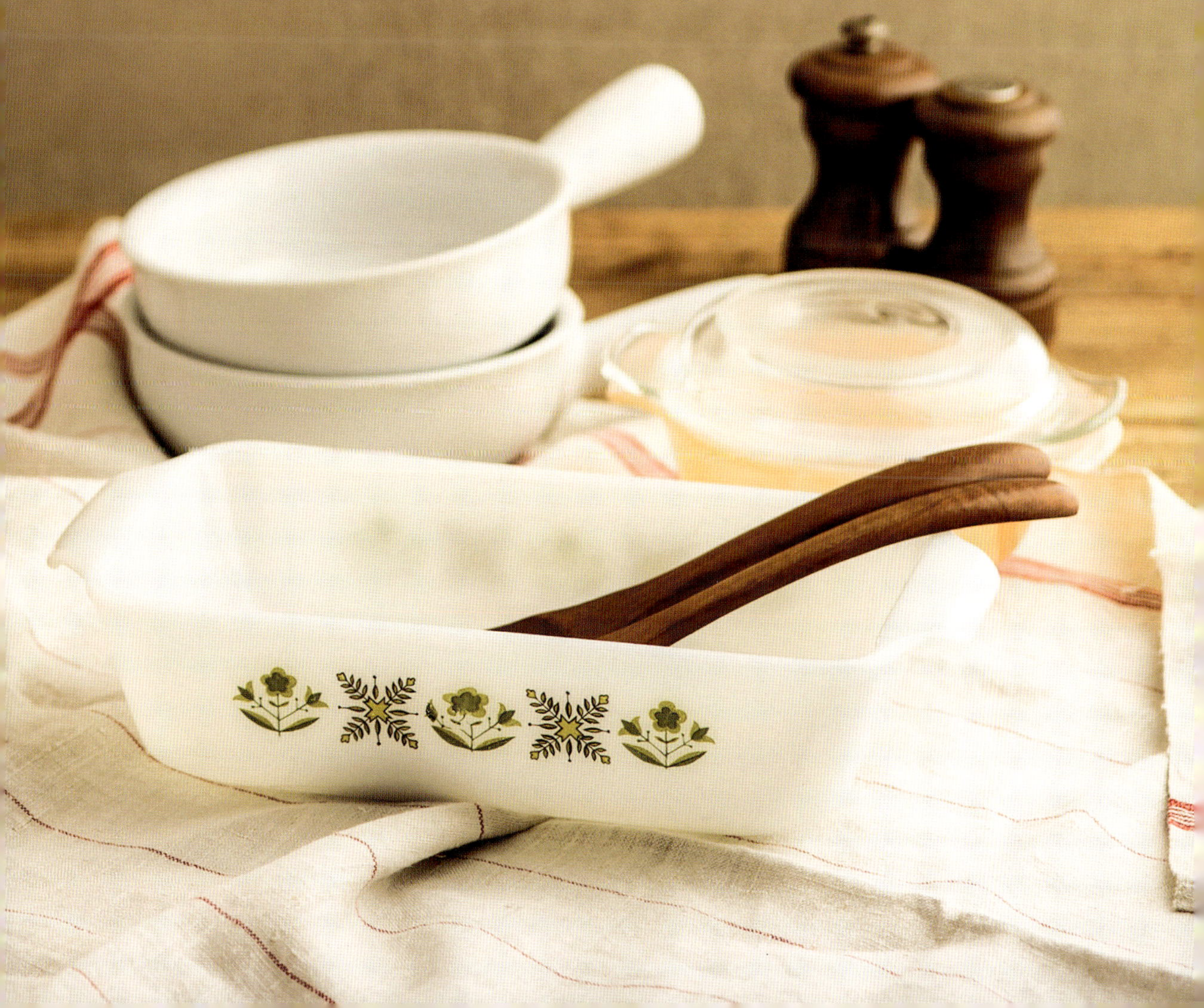

Part 1 • Gratin / Casserole / Oven Cooking

マカロニアンドチーズキャセロール

電子レンジでチンしてできるインスタントものが主流のマカロニアンドチーズですが、
チェダーチーズをすりおろして作る本格派は本当においしい!
パン粉とチーズのトッピングをして焼き上げました。

材料:4人分(1ℓキャセロール1個分)

トッピング
　パン粉(生)……40g
　チェダーチーズ(すりおろし)……25g
　パルメザンチーズ(粉)……大さじ1
　無塩バター……10g
　パセリ(乾)……大さじ1

マカロニアンドチーズ
　無塩バター……15g
　薄力粉……大さじ2
　牛乳……300ml
　生クリーム……60ml
　チェダーチーズ(すりおろし)……120g
　パルメザンチーズ(粉)……10g
　エルボーマカロニ……120g

1. 天板にオーブンシートを敷き、生パン粉を広げ200℃に温めたオーブンで5分焼く。
2. 天板ごと取り出し、他のトッピング材料をすべて加えて混ぜ合わせてオーブンに戻し、扉を閉めて余熱の中におく。
3. マカロニを塩を入れた熱湯で袋の表記の茹で時間よりも1分ほど短く、かために茹でてざるにあげ、EXVオリーブオイル(分量外)をかける。
4. 鍋にバターを入れて弱火で溶かし、薄力粉を入れ、粉気がなくなるまで炒めたら、牛乳を少しずつ加えてのばす。生クリーム、チーズを入れて滑らかになるまで混ぜ、火を止める。(a)
5. **4**に**3**を加えて混ぜ合わせてキャセロールに入れ、**2**を平らに広げてのせて200℃に温めたオーブンで15〜20分焼く。(b)

エルボーマカロニでぜひ!
肘のように曲がった短めのマカロニで作るのが一般的。他のマカロニだとピンとこないのです!

a

b

生パン粉に2種類のチーズをプラス。サクサクの食感と濃厚なコクが楽しめます。

サーモン・マカロニアンドチーズ・クスクス仕上げ

マカロニアンドチーズに焼いたサーモンをトッピング。
クスクスのカリッとした食感がアクセントに！

材料：2人分
（200mlグラタン皿2個分）

マカロニアンドチーズ（P8〜9参照）
　　……トッピング以外のすべての分量を
　　　2/3にして作る
サーモン（刺身用）……100g（約10×7cm）
EXV オリーブオイル……大さじ1
お好みのハーブソルト……小さじ1
クスクス（乾）……大さじ1
ピザ用モッツァレラチーズ……20g
タイム（生）……2本

1　フライパンにオリーブオイルを中火で熱し、縦半分に切ったサーモンを入れて両面を焼き、ハーブソルトをふる。
2　グラタン皿2個にマカロニアンドチーズを等分に入れ、ピザ用チーズをかけて**1**をのせる。
3　クスクスは茹でずにそのまま**2**にふりかけ、200℃に温めたオーブンで15分ほど焼き色がつくまで焼く。タイムをあしらう。

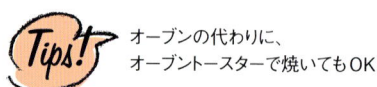 オーブンの代わりに、オーブントースターで焼いてもOK！

Part I • Gratin / Casserole / Oven Cooking

スチームベジ・マカロニアンドチーズ

マカロニアンドチーズを彩り豊かな蒸し野菜にかければ、
栄養豊富な一品料理に大変身。

材料：2人分

マカロニアンドチーズ（P8〜9参照）
　　……トッピング以外のすべての分量を
　　　半量にして作る
ブロッコリー……1/2個
にんじん……1/4本
かぼちゃ……1/8個
ズッキーニ……1/2本
水……大さじ3
塩……少々

1　ブロッコリーは小房に切り分ける。にんじんは皮をむいて5cmの拍子木切りにする。かぼちゃは厚さ5mm程度の一口大に切る。ズッキーニは厚さ1cm程度の輪切りにする。すべてをスキレットか、底が厚手の鍋に入れ、水と塩を加えてふたをして弱めの中火で5分蒸し焼きにする。

2　すべての野菜がやわらかくなったら皿に盛り付け、マカロニアンドチーズをかける。

 耐熱皿に野菜とマカロニアンドチーズを入れて、オーブンでこんがり焼いてもおいしい！

Part 1 • Gratin / Casserole / Oven Cooking

なすとズッキーニのラザニア

少し和風のミートソースをラザニアに！
パスタの代わりに、なすとズッキーニの薄切りソテーで重ねます。

材料：4人分（1.5ℓキャセロール1個分）

ミートソース
- 玉ねぎ……1個
- EXVオリーブオイル……大さじ1
- 牛ひき肉……400g
- トマト水煮缶（カット）……1缶（400g）
- タイム（乾）……小さじ1/2
- ローリエ（乾）……1枚
- 中濃ソース……大さじ2
- みそ……大さじ1
- みりん……大さじ1
- カイエンペッパー……少々
- 黒こしょう……少々
- 塩……適量

- ホワイトソース（下記参照）……300g
- ズッキーニ……2本
- 長なす……2本
- EXVオリーブオイル……大さじ4
- ピザ用モッツァレラチーズ……100g

1. ミートソースを作る。フライパンにオリーブオイル大さじ1を中火で熱し、みじん切りにした玉ねぎをしんなりするまで炒める。ひき肉を加えて完全に火が通るまで炒める。
2. トマト水煮缶、タイム、ローリエを加えて強火で煮る。沸騰したら弱火にしてソース、みそ、みりんを加え、かき回しながら煮詰める。ぽってりしてきたら、味をみながらカイエンペッパー、黒こしょう、塩を加える。
3. ズッキーニ、なすはヘタを切って、縦に厚さ1cmに薄切りにする。オリーブオイル大さじ4を中火で熱したフライパンでしんなりするまで焼く。
4. キャセロールに、ミートソース200gを敷き、次にホワイトソース150gを広げてのせる。3のなすの長さを4等分に切り分け並べてのせる。
5. 4と同様にミートソース、ホワイトソースを入れ、3のズッキーニの長さを4等分に切り分け並べてのせる。もう一度ミートソースをのせたら、ピザ用チーズを広げてのせる。
6. 250℃に設定したオーブンに余熱段階から入れ、25〜30分焼く。上面に焼き色がつきグツグツ煮えれば出来上がり。

電子レンジで簡単ホワイトソース

簡単早くてダマにならないホワイトソースです。
使うものによって塩味をつけてくださいね！

Tips! すぐに使わない場合はホワイトソース表面にラップを密着させてかぶせると乾燥しません。

材料（出来上がり約600g）
薄力粉……50g　有塩バター……50g　牛乳……550ml

1. ガラス製耐熱容器に薄力粉とバターを入れ、ふたをせずに電子レンジで2分加熱する。
2. 泡だて器で粉気がなくなるまでかき混ぜる。さらに混ぜながら牛乳を少しずつ加える。最初の200mlくらいは少量ずつ加え、滑らかになったら残りは一度に加えて混ぜる。
3. ふたをせずに電子レンジで約8分加熱する。途中で3〜4回取り出して泡だて器でかき混ぜる。

ズッキーニボートと
パプリカカップのボロネーゼグラタン

焼くとトロッとやわらかくなるズッキーニはミートソースと相性抜群！
どっしりと大きめで肉厚のパプリカに、ホワイトソースとミートソースを詰め込めば、
何とも言えない贅沢なグラタンに！

ズッキーニボートのボロネーゼグラタン
材料：2人分

ズッキーニ……1本
ミートソース（P13参照）……大さじ4
ホワイトソース（P13参照）……大さじ2
ピザ用モッツァレラチーズ……10g

1. ズッキーニは縦半分に切り、皮から3mmくらい内側に包丁でぐるっと切れ目を入れる。切れ目に沿ってスプーンで中をくり抜く。くり抜いたズッキーニは粗めのみじん切りにする。
2. きざんだズッキーニとミートソースを合わせて1のズッキーニボートにこんもりと盛り、ホワイトソースとピザ用チーズをかける。
3. オーブンシートを敷いた天板に2をのせ、180℃に温めたオーブンで約15分焼く。

パプリカカップのボロネーゼグラタン
材料：1人分

パプリカ（黄、大きめ）……1個
ミートソース（P13参照）……大さじ6〜7
ホワイトソース（P13参照）……大さじ4
水……大さじ1
塩……少々
ピザ用モッツァレラチーズ……10g
無塩バター……10g
ミニトマト……2個

1. パプリカは上から3cmほどのところで切り分ける。中の種と白っぽい筋を切り取る。
2. 1のパプリカカップにバターと湯むきしたミニトマトを入れる。
3. ホワイトソースに水と塩を加えてよく混ぜ合わせ2に加える。
4. 3にミートソースを加え、ピザ用チーズを散らす。オーブンシートを敷いた天板にのせ、250℃に温めたオーブンで約15分焼く。

ミート＆ホワイトソースアランチーニ

黄色いサフランライスの中央には2種類のソースを仕込みました！
揚げたて熱々を召し上がれ。

材料：4人分(8個)

米……2合
サフラン(乾)……0.2g
塩……小さじ1/4
パルメザンチーズ(粉)……大さじ3
ミートソース(P13参照)……大さじ8
ホワイトソース(P13参照)……小さじ8
薄力粉……大さじ4(約30g)
卵……1個
パン粉(乾)……約30g
揚げ油……適量

ソース
　中濃ソース……大さじ1
　トマトケチャップ……大さじ1

あしらい野菜
　ルッコラ、ラディッシュ……各適量

1　米を洗い、通常通りの水とサフランと一緒に炊飯器に入れる。30分ほど浸してから塩を加えて炊く。炊き上がったらパルメザンチーズを混ぜ、バットに広げて冷ます。

2　ラップの上に1の1/8量を丸く広げ、中央にミートソース、その上にホワイトソースを大さじ1ずつのせボール形に握る。

3　2に薄力粉、溶き卵、パン粉の順につけ、170℃の揚げ油で程よい揚げ色になるまで揚げる。

4　ソースの材料を混ぜ野菜とともに3に添える。

何もつけなくてもおいしい一品ですが、
お好みでソースを添えてどうぞ！
子どもにはソースありが大人気です。

海老マカロニグラタン

洋食屋さんのメニューには必ずある海老グラタン！
プリプリえびとマカロニの食感を楽しんで！

材料：1人分
（400mlグラタン皿1個分）

マカロニ……40g
EXVオリーブオイル……小さじ2
玉ねぎ……1/2個
えび（小）……5尾（殻、尾、背ワタを取る）
ホワイトソース（P13 参照）……150g
牛乳……大さじ2（30ml）
水……大さじ2（30ml）
塩……少々
黒こしょう……適量
ピザ用モッツァレラチーズ……20g

1 塩を入れた熱湯でマカロニを袋の表記通りの時間で茹でる。
2 オリーブオイルを中火で熱したフライパンで、薄切りにした玉ねぎを炒め、しんなりしてきたらえびを加えてサッと炒める。
3 湯をきった 1、ホワイトソース、牛乳、水を 2 に加えて混ぜ、塩と黒こしょうで調味してグラタン皿に入れる。
4 ピザ用チーズをかけて、250℃に設定したオーブンに予熱段階から入れ約20分焼く。

Part 1 • Gratin / Casserole / Oven Cooking

チキンマカロニトマトグラタン

チキンマカロニグラタンにのせた
熱々トロトロのトマトの濃厚な甘みがおいしい!

材料：1人分
(400mlグラタン皿1個分)

マカロニ……40g
玉ねぎ　1/2個
EXVオリーブオイル……小さじ2
鶏むね肉……1/4枚（約60g）
ホワイトソース（P13 参照）……150g
牛乳……大さじ2(30ml)
水……大さじ2(30ml)
塩……少々
黒こしょう……適量
ピザ用モッツァレラチーズ……30g
トマト……1/2個

1　塩を入れた熱湯でマカロニを袋の表記通りの時間で茹でてざるにあげる。

2　鶏肉はラップをかぶせてめん棒または包丁の峰で叩き、厚さを1.5cmくらいにしてから一口大に切り分ける。

3　オリーブオイルを中火で熱したフライパンで、薄切りにした玉ねぎを炒め、しんなりしてきたら鶏肉を加えてサッと炒める。火を止め、湯をきった1、ホワイトソース、牛乳、水を加えて混ぜ、塩と黒こしょうで味を調え、グラタン皿に入れる。

4　ピザ用チーズをかけて、1cmの厚さの輪切りにしたトマトをのせて250℃に設定したオーブンに予熱段階から入れ、約20分焼く。

オムカレードリア風

ドライカレーオムライスにホワイトソースをかけてみると、
ドリア風味になるんです。

材料：1人分

玉ねぎ……1/2個
マッシュルーム……3個
牛ひき肉……50g
ごはん……130g
カレールー（粉タイプ）……大さじ2
卵……2個
牛乳……小さじ2
ホワイトソース（P13参照）……100g
水……50ml
EXVオリーブオイル……大さじ1＋小さじ1
塩……適量

あしらいの野菜
　フリルレタス、
　　ベビーキャロット……各適量

1. フライパンにオリーブオイル大さじ1を中火で熱し、玉ねぎのみじん切りとマッシュルームのみじん切りを炒める。しんなりとしてきたらひき肉を加えて炒める。肉に火が通ったらごはんを加え炒め合わせる。カレールーを加え、塩で味を調える。
2. 卵を溶きほぐし、塩ひとつまみ、牛乳を加えて混ぜ合わせる。
3. オリーブオイル小さじ1を強火で熱した直径20cmのフライパンに 2 を流し入れ、フライパンを回し全体に行き渡らせたら中火にする。
4. 半熟状態に焼いたら火を止め、1 をのせて包む。皿に移して形を整える。
5. ホワイトソース、水、塩ひとつまみを混ぜ合わせ、4 のフライパンでひと煮立ちさせ、オムカレーにかける。あしらいの野菜を添える。

Part 1 • Gratin / Casserole / Oven Cooking

さつま芋とかぶのゴルゴンゾーラグラタン

ゴルゴンゾーラチーズの塩味と、
さつまいもの甘みのバランスがおいしいグラタンです。

材料：4人分
（1ℓキャセロール1個分）

ホワイトソース（P13参照）
……レシピの全量
さつまいも……1本（約300g）
かぶ……2個
玉ねぎ……1/2個
マカロニ……80g
水……50ml
塩……小さじ1弱
ゴルゴンゾーラチーズ……大さじ5（約60g）
バター……15g

1　さつまいもをきれいに洗い、2～3cmの厚さに切り、水にくぐらせてから電子レンジや蒸し器などでやわらかくなるまで加熱し、4等分のいちょう切りにする。かぶは皮をむき2cmくらいの厚さに切る。

2　玉ねぎは繊維に沿って薄切りにする。マカロニは塩を入れた熱湯で袋の表記通りの時間で茹でてざるにあげる。

3　1のさつまいもの2/3をキャセロールに並べる。1のかぶ、2、水、塩、ホワイトソースを混ぜ、さつまいもの上からキャセロールに入れる。

4　残りのさつまいもを3の上に並べ、その上に小さく切ったバターをのせる。ぽろぽろにくずしたゴルゴンゾーラチーズを全体にかけ、250℃に設定したオーブンの余熱段階から入れ、約30分焼く。

ツナヌードルトマトキャセロール

トマトジュースとツナ缶で作る簡単キャセロール。
多めのパン粉のサクサク感でおいしさアップ！

材料：4人分
（1.5ℓキャセロール1個分）

玉ねぎ……1個
しめじ……200g
トマトジュース……500ml
牛乳……250ml
ツナ（缶詰）……1缶（170g）
塩……少々
黒こしょう……少々
タリアテッレ……130g
パン粉（乾）……70g
パルメザンチーズ（粉）……50g
EXVオリーブオイル……大さじ3

1 フライパンにオリーブオイル大さじ2を中火で熱し、みじん切りにした玉ねぎをしんなりするまで炒める。
2 石づきを取って小房に分けたしめじを1に加えて炒める。
3 2にトマトジュースを加えてひと煮立ちさせたら、牛乳と缶の中のオイルをきったツナを加えて沸騰直前まで温め、味をみながら塩と黒こしょうを加える。
4 タリアテッレは塩を入れた熱湯で袋の表記通りの時間より1分ほど短くかために茹でて湯をきる。3と合わせてキャセロールに入れる。
5 ボウルにパン粉、パルメザンチーズ、オリーブオイル大さじ1を入れて混ぜ合わせ、4の上に広げる。190℃に温めたオーブンで20～30分焼く。

いんげんキャセロール・ケイジャンチキンのせ

マッシュルームの濃厚なクリームとたっぷりのいんげんのキャセロールに
スパイシーなケイジャンチキン！ いんげんのおいしさに驚くはず！

材料：3〜4人分（1ℓキャセロール1個分）

鶏手羽元……5本
A ［パプリカパウダー 小さじ1/2、ガーリックパウダー 小さじ1/2、オレガノ（乾）小さじ1/2、タイム 小さじ1/2、クミン（パウダー）小さじ1/2、バジル（乾）小さじ1/2、カイエンペッパー 小さじ1/4］
いんげん……400g
玉ねぎ……1個
マッシュルーム……10個
EXV オリーブオイル……大さじ2
薄力粉……大さじ2
牛乳……200ml
塩……小さじ1/2弱
黒こしょう……適量
生クリーム……100ml

1 鶏手羽元は塩（分量外）でもみ、15分ほど常温でおくと水が出てくるので、ペーパータオルで拭き取る。
2 Aのスパイスを混ぜ合わせて1にもみ込む。
3 いんげんは両端を切り取り、熱湯で1分茹でてざるにあげる。
4 フライパンにオリーブオイルを中火で熱し、玉ねぎのみじん切りとマッシュルームのみじん切りを入れて炒める。しんなりしたら薄力粉を加えて炒め、牛乳を加えてクリーム状になるまでかき混ぜながら煮て火からおろす。塩と黒こしょうを加えて混ぜる。
5 生クリームと3を4に加えて混ぜ合わせたら、キャセロールに入れる。
6 2を5の上にのせ、200℃に温めたオーブンで35〜40分焼く。

スキレットとは？

鋳鉄製の厚手のフライパン。これで料理をすると何でもおいしくなる魔法の調理器具。蓄熱性が高く食材全体にムラなく火が通ります。野菜料理、肉料理、スイーツまで大活躍。

Skillet

Part.2 Skillet

**アメリカの食卓に欠かせないもの
スキレット料理**

オーブン料理が主流のアメリカでは、オーブンでも使えるスキレットが、日本でいうフライパン代わりとして使われています。アメリカのレシピには「フライパン」ではなく「スキレット」で表記されることがほとんど。そのくらいに日常的、欠かせない調理器具です。

ダッチベイビー

スキレット料理の代表ダッチベイビーは、不思議な形のパンケーキ。
底はクレープ、立ち上がった側面はシューのよう!
レモンをきゅっと絞って、粉砂糖をふって食べるのが一般的なんです。

材料：1人分（6.5インチスキレット1個分）

薄力粉……35g
塩……少々
シナモンパウダー……少々
卵……1個（室温にもどす）
牛乳……50ml（50℃くらいに温める）
バニラエッセンス……少々
無塩バター……10g

トッピング
　レモン、粉砂糖、メープルシロップ、ホイップバターなど……各適量

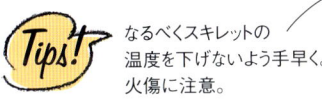
Tips! なるべくスキレットの温度を下げないよう手早く。火傷に注意。

1 天板にスキレットをのせてオーブンに入れ、230℃に温める。
2 薄力粉、塩、シナモンパウダーをボウルの中でよく混ぜてふるう。
3 別のボウルで卵、温めた牛乳、バニラエッセンスをなるべく泡立てないように混ぜ合わせる。
4 3の半量を2に加えて泡だて器でよく混ぜ合わせる。残りの半量は3回に分けて加え、その都度よく混ぜ合わせる。
5 余熱が完了した1のスキレットに無塩バターを入れて溶かし（a）、全体に行き渡らせたらすぐに4を流し入れ（b）、全体に生地を回し（c）、オーブンに戻す。
6 温度を220℃に下げ、オーブン下段で約15分焼く。好みのトッピングをする。

Dutch Baby

ダッチベイビーの上手な焼き方のコツ

・生地の温度、スキレットの温度が肝心です。そこさえつかめば失敗なし!
・牛乳は必ず温めてから使ってください。
・スイーツ系の仕上げ以外は、バニラエッセンスは加えません。

ダッチベイビー・ネギピザ風

ダッチベイビーをピザクラストに見立てたら、ネギがたっぷりのおいしいピザになりました！

材料：1人分
（6.5インチスキレット1個分）

ダッチベイビー（P24〜25参照）
　……1個（バニラエッセンスを加えない）
ピザ用モッツァレラチーズ……60g
わけぎ……4本
ベーコン……1枚

1　わけぎは小口切りに、ベーコンは1cm幅に切る。
2　ダッチベイビーはバニラエッセンスを加えずにレシピ通りに焼く。
3　2にピザ用チーズの約1/3量を入れ、続いてわけぎ、残りのチーズを加えたらトップにベーコンを並べてのせオーブン下段に戻し、さらに8分焼く。

ダッチベイビー・キャベツの巣ごもり卵

半熟の卵をキャベツに混ぜているうちに余熱でどんどん固まってくる。ホフホフ言いながら熱々を食べるのが最高！

材料：1人分
（6.5インチスキレット1個分）

ダッチベイビー（P24〜25参照）
　……1個（バニラエッセンスを加えない）
キャベツ……2枚
卵……1個
塩……少々
黒こしょう……適量
EXVオリーブオイル……小さじ1

1　キャベツはせん切りにしてボウルに入れ、塩、黒こしょう、オリーブオイルを混ぜ合わせる。
2　ダッチベイビーはバニラエッセンスを加えずにレシピ通りに焼く。
3　2に1を入れ、中央にくぼみを作り、卵を割り入れてオーブン下段に戻し、さらに8分焼く。

ダッチベイビー・ルッコラと
スモークサーモンサラダ

底に敷いたスモークサーモンは余熱で蒸し焼きに！
ダッチベイビーを切り分けながら食べる楽しいサラダ。

材料：1人分
（6.5インチスキレット1個分）

ダッチベイビー（P24〜25参照）
　……1個（バニラエッセンスを加えない）
ルッコラ……6株
トマト……1/2個
スモークサーモン……5枚
レモン果汁……大さじ1
EXVオリーブオイル……大さじ2
塩……少々
オレガノ（乾）……小さじ1/4

1　ダッチベイビーはバニラエッセンスを加えずにレシピ通りに焼く。
2　1にスモークサーモン3枚を敷き、ルッコラ、一口大に切ったトマト、残りのスモークサーモンをのせる。
3　レモン果汁、オリーブオイル、塩を混ぜ合わせてかけオレガノをふる。

ダッチベイビー・
チョコバナナクレープ風

クレープの定番チョコバナナみたい！側面のさっくりシューの味わいもおいしい贅沢スイーツ。

材料：1人分
（6.5インチスキレット1個分）

ダッチベイビー（P24〜25参照）……1個
バナナ……1本
生クリーム……100ml
グラニュー糖……小さじ2
チョコソース（市販品）……適量
ブルーベリー……10個
チャービル（生）……適量

1　ダッチベイビーをレシピ通りに焼く。
2　生クリームにグラニュー糖を加えてかたく泡立てて、口金をつけた絞り袋に入れる。
3　ダッチベイビーに、薄切りしたバナナをのせ、2を絞り出し、チョコソースをかける。
4　ブルーベリーとチャービルをあしらう。

豚ヒレ肉と長ねぎのアヒージョ

大きなスキレットで作るアヒージョは、それだけで食卓をにぎやかにします。
やわらかく煮えたヒレ肉とトロトロの長ねぎを楽しんで!

材料：2人分（9インチスキレット1個分）

豚ヒレ肉……100g
長ねぎ……1本
いんげん……4本
ミニトマト……3個
にんにく……2かけ
お好みのハーブソルト……小さじ1/4
ローズマリー（生）……1本
EXVオリーブオイル……200ml
黒こしょう……適量
バゲット……適量

1. 豚肉は2cmくらいの厚さに切り分ける。長ねぎは2cm幅の斜め切りに、いんげんは両端を切り落として4等分の乱切りにする。
2. スキレットにオリーブオイルの半量を入れ、1とトマトを並べて入れる。
3. 2にハーブソルトをふり、ローズマリーをのせて残りのオリーブオイルを加える。
4. 3を弱火で15分ほど、肉に完全に火が通るまで煮込む。仕上げに黒こしょうをふり、バゲットを添える。

スキレットでアヒージョ、アヒージョにはマッシュルーム

　数年前から日本でもよく食べられるようになったアヒージョ。元はスペイン料理で、オリーブオイルとにんにくで食材を煮込むもの。本場スペインでは耐熱の陶器の小さな器で作るのが一般的ですが、我が家ではアメリカのスキレットがアヒージョを作る際は大活躍！スキレットだとゆっくりと均等に熱が伝わるので、どの食材もおいしく出来上がります。

　私が一番オススメしたいアヒージョのための食材は「マッシュルーム」。あのコロンとした可愛い形のまま煮込むと、驚くほどいいだしが出ます。マッシュルームはオイルで炒めたり煮たりするとマッシュルーム自体が持つ旨みをオイルに放出し、それを再び自分の中に吸い込む性質があります。だからオイルもマッシュルームもおいしくなるんですね。何にもないときはマッシュルームだけのアヒージョでも最高においしい。またマッシュルームに他の食材を合わせるなら、お肉や野菜などだしがあまり期待できないもののほうがマッシュルームの威力が感じられるのではないでしょうか。

砂肝とマッシュルームの
アヒージョ

砂肝とマッシュルームの定番食材のコラボ！
砂肝の歯ごたえも楽しめます。

材料：2人分（5インチスキレット1個分）

砂肝……60g（下ごしらえ済みの分量）
マッシュルーム……白、茶各2個
にんにく……1かけ
塩……少々
EXVオリーブオイル……100ml
ローズマリー（生）……1本

1 砂肝は2つに切り分け、コブの両側の白い部分を そぎ落とす。火が通りやすいよう、コブの真ん中 に切れ目を入れる。マッシュルームは大きなもの は縦2等分に切る。にんにくは皮をむいて4等分 の輪切りにする。
2 スキレットにオリーブオイル50mlを入れ、1を並べ る。塩をふり、残りのオリーブオイルを加える。
3 2にローズマリーをのせ、弱火にかける。砂肝はオ リーブオイルに均一に浸かるようにたまに向きを変 える。20分ほど煮込む。

たこと丸ごとにんにくの
アヒージョ

丸ごとにんにくの存在感大！　やわらかいたこ
ホクホクのにんにくを召し上がれ。

材料：2人分（5インチスキレット1個分）

蒸しだこ……60g
アスパラ……2本
にんにく……丸ごと1個
タイム（生）……2〜3本
塩……少々
EXVオリーブオイル……100ml

1 にんにくは皮がついたまま上下を切り落とし、中央 の軸を除く。
2 スキレットにオリーブオイル50mlを入れ、にんにく を弱火で10分ほど煮る。たまに上下を裏返す。
3 2を火からおろし、一口大の乱切りにしたたこ、乱 切りにしたアスパラ、塩、タイムを加え、残りのオ リーブオイルを加える。
4 3を再び弱火にかけ、さらに10分ほど煮る。

真鯛とペコロスの
アヒージョ

真鯛の大きな骨から出るだしがオイルに溶け込んで、おいしいアヒージョになります。

材料：2人分（6.5インチスキレット1個分）

真鯛……1切
ペコロス……8個
ミニトマト……3個
　（へたは食べられないので気になる場合は取る）
にんにく……1かけ
塩……小さじ1/4
EXVオリーブオイル……120ml
レモン（くし形に切る）……1切

1　真鯛は食べやすい大きさに切り分ける。にんにくは皮をむいて4等分の輪切りにする。
2　スキレットにオリーブオイル50mlを入れ、1と皮をむき上下を少し切り取ったペコロス、ミニトマトを入れて塩をふり、残りのオリーブオイルを加えて、弱火で15分煮る。
3　レモンを添え、食べるときにレモンを絞る。

マッシュルームとオリーブの
アヒージョ

オイルで煮たマッシュルームの濃厚な味が、最高のアヒージョを作ってくれます!!

材料：2人分（6.5インチスキレット1個分）

マッシュルーム……6個
オリーブ（瓶詰・黒、緑）……各6個
にんにく……6かけ
ローズマリー（生）……1本
塩……少々
EXVオリーブオイル……120ml

1　スキレットにオリーブオイル50mlを入れ、マッシュルーム、オリーブ、皮をむいたにんにくを入れて塩をふる。
2　1に残りのオリーブオイルを加え、弱火で15分ほど煮る。

野菜フリッタータ

スキレットで作るフリッタータはふっくら仕上がります。
多いかな？　と思うくらいの野菜を使うのがポイント！

材料：4人分
（ふた付9インチスキレット1個分）

EXVオリーブオイル……大さじ2
かぼちゃ……1/6個（200g）
アスパラガス……6本
パプリカ（赤・黄）……各1/4個
アボカド……1/2個
にんにく……1かけ
卵……4個
牛乳……50ml
塩……小さじ1/4
黒こしょう……少々
パルメザンチーズ（粉）……大さじ2
バジル（生）……5枚

1. スキレットにオリーブオイルを中火で熱し、一口大に切ったかぼちゃを半ば火が通るまで焼く。
2. 下のほうのかたい部分を切り取り、乱切りにしたアスパラガス、ヘタと種を取り細切りにしたパプリカ、一口大に切ったアボカド、みじん切りにしたにんにくを1に加えてサッと炒める。
3. 卵、牛乳、塩、黒こしょうを混ぜ合わせて2に注ぎ入れ、パルメザンチーズをふり、バジルをのせて、ふたをして10分弱火で焼き、そのままで5分蒸らす。

スキレットにはふたをぜひ！

スキレットのふたがあると料理のレパートリーが何倍にも広がります。重いふたをすることで中の圧力が高く保たれ圧力鍋に似た調理が可能です。また食材から出た水分がふたと本体の隙間を覆い水蒸気を外に出しません。だから旨みを逃さないのですね。大きめのスキレットはふたとセットで揃えることをお勧めします。

トマトいかめし

メキシカン風味のいかめし!
スキレットで作ることで餅入りごはんもいかも、驚くほどやわらかくなる!

材料：2〜4人分
(9インチスキレット1個分)

するめいか……2杯
ごはん……120g
切り餅……10g
A [トマトピューレ 200g、ブイヨン(粉末)
　小さじ1(8g)、水 300ml、クミンシード
　少々、ガーリックパウダー 小さじ1]
ペコロス……12個
白いんげん豆(紙パック)
　……1パック(360g)
パセリ(生)……少々

1. 切り餅を細かくきざみ、ごはんに混ぜる。
2. いかのワタ、軟骨、げそを取る(今回はげそは使いません)。
3. 2に1を半量ずつ詰めて入り口を爪楊枝でとめる。
4. スキレットにA、3、上下を切って皮をむいたペコロス、サッと水洗いした白いんげん豆を入れてふたをして、中火にかける。沸騰したら弱火にして約30分煮る。
5. 4にパセリをきざんで散らす。

 ごはんに切り餅を加えることで、もち米のような食感になります。お正月の切り餅が余っていたらぜひお試しください。

野菜とカマンベールチーズのグリル

カラフルな野菜の真ん中でしっかり蒸し焼きにされたカマンベールチーズを、
たっぷりからめて召し上がってくださいね!

材料:4人分
(ふた付9インチスキレット1個分)

さつまいも……1/2本
ミニトマト……8個
カリフラワー……1/2個
パプリカ(赤・黄)……各1/2個
ズッキーニ……1本
EXVオリーブオイル……大さじ4
カマンベールチーズ……1個

1 スキレットにオリーブオイルを中火で熱し、1.5㎝厚さの半月切りにしたさつまいもの両面を焼く。
2 さつまいもに半ば火が通ったら、一口大に切り分けたカリフラワー、ヘタと種を取って1㎝ほどの細切りにしたパプリカ、ミニトマト、1.5㎝厚さの輪切り(太い場合は半月切り)のズッキーニを加えてサッと炒め、ふたをして弱火で2分ほど蒸し焼きにする。
3 具材を周りに寄せて中央にスペースを作り、カマンベールチーズをおく。再びふたをして、弱火で約5分蒸し焼きにする。
4 カマンベールチーズのトップの部分を切り取り、野菜をチーズにつけながら食べる。

 調味料は何も使っていません。
スキレット調理ならではの
野菜の旨みを楽しんでください。

キャラメルメープルフレンチトースト

こんがり焼いたフレンチトーストをでき立てのキャラメルソースで。
焼き目をつけたネクタリンの酸味も添えて!

材料:1人分
(6.5インチスキレット1個分)

バゲット……10cm
卵……1個
牛乳……25ml
メープルシロップ……小さじ2
ネクタリン……1/2個
有塩バター……10g
グラニュー糖……大さじ2
水……小さじ2
生クリーム……大さじ2
バニラアイスクリーム……大さじ2
スペアミント(生)……適量

1 ボウルに卵を割りほぐし、牛乳とメープルシロップを加えて混ぜる。2等分したバゲットを浸す。たまに軽く絞りながら上下を返し卵液がほぼしみ込むまでおく。
2 ネクタリンをきれいに洗い、半分になるよう包丁で縦にぐるりと切れ目を入れ、ひねって半割にする。
3 スキレットを中火で5分ほど温めたら、ネクタリンのカット面を下にしてこんがり焼き色がつくまで焼いて取り出す。
4 3のスキレットにバターを加えて弱火で溶かし、1の切り口を焼き色がつくまで焼き、裏返して反対側も同じように焼き付けたら取り出す。
5 グラニュー糖と水を加え、スキレットを回して全体に広げたら、中火で焦げ色がつくまで焼き、火を止める。生クリームを少量ずつ加えて混ぜ合わせ、キャラメルソースができたら、4と3を戻し入れる。3の種の穴にアイスクリームをのせ、ミントをあしらう。

Tips! 季節ごとにお好みの旬のフルーツでどうぞ!

こんがり塩バターバームクーヘン

市販のバームクーヘンもスキレットがあれば、あっという間におしゃれに!
おいしさもup!

材料:4～5人分
(6.5インチスキレット1個分)

バームクーヘン(市販品)
　……1個(直径約13cm)
グラニュー糖……大さじ1
塩……少々
無塩バター……10g

生クリーム……100ml
グラニュー糖……小さじ2
ドライフルーツ(角切り)、スペアミント(生)
　……各適量

1. バットなど平らな入れ物にグラニュー糖大さじ1と塩を混ぜて広げる。
2. バームクーヘンの上下の切り口に1をまぶす。
3. スキレットにバターを入れて中火にかけ、バターが溶けたら2の両面を弱火で焼く。片面1～2分、ほのかに焼き色がついたら火からおろす。
4. 生クリームにグラニュー糖小さじ2を加えて泡立て、口金をつけた絞り袋に入れ、切り分けて皿にのせた3の横に絞り出す。ドライフルーツ、ミントをあしらう。

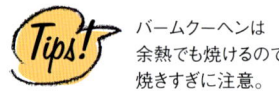

Tips! バームクーヘンは余熱でも焼けるので焼きすぎに注意。

ドイツ風アップルパンケーキ

焼きりんごを食べているかのようなパンケーキ。スキレットのままテーブルに出し、
熱々を切り分けて召し上がれ。アイスクリームを添えるのも、冷やして食べても!

材料：2人分
(6.5インチスキレット1個分)

卵……1個
グラニュー糖……25g
バニラエッセンス……少々

薄力粉……15g
塩……少々
ベーキングパウダー……小さじ1/4

りんご……2〜3個(合計650g程度)
無塩バター……15g
グラニュー糖……大さじ1
シナモンパウダー……小さじ1/4
仕上げ用グラニュー糖……小さじ1

飾り用シナモンスティック……1本

1. 卵をボウルに割りほぐし、グラニュー糖25gとバニラエッセンスを加えてよく混ぜ合わせる。
2. 別のボウルで薄力粉、塩、ベーキングパウダーを合わせる。1を2回に分けて加え、泡だて器で粉気がなくなるまでよく混ぜ合わせて滑らかにする。
3. りんごは皮をむいて4つに切り、芯を取ってさらに2〜4等分にする。
4. 一回り大きいスキレットまたは厚手のフライパンを中火にかけ、全体が温まったらバターを入れて溶かし、グラニュー糖とシナモンを加える。グラニュー糖が溶けたら3を加え、たまにかき混ぜながら半ば火が通るまで5分ほど焼き付ける。
5. 6.5インチのスキレットにりんごを盛り付け、弱火にかける。1〜1分半後にスキレットが温まったら2をりんごの隙間から流し入れる。
6. 5分ほどこのままゆっくり弱火で焼いたら、オーブンの天板の上に移し、仕上げ用のグラニュー糖を振りかけて、200℃に温めたオーブンで約15分焼く。シナモンスティックを飾る。

Tips! ソテーしたりんごをスキレットに盛りつけるときは、スキレットの側面になるべく触れないよう、またりんご同士をぴったりきれいに重ねず、ランダムに盛っていくと間に生地が入り込み、うまく焼けます。

Part.3
Potato / Tomato / Avocado / Corn
じゃがいも／トマト／アボカド／とうもろこし
野菜が主役のこんがりレシピ

脇役にも主役にもなる野菜料理のレパートリーが増えると、お料理がグッと楽しくなります。
彩りもよく、甘くてちょっと酸っぱくてビタミンいっぱい！ 新鮮な野菜は本当に美しい。
この章ではアメリカでポピュラーな4つの野菜を主役にしてみました。

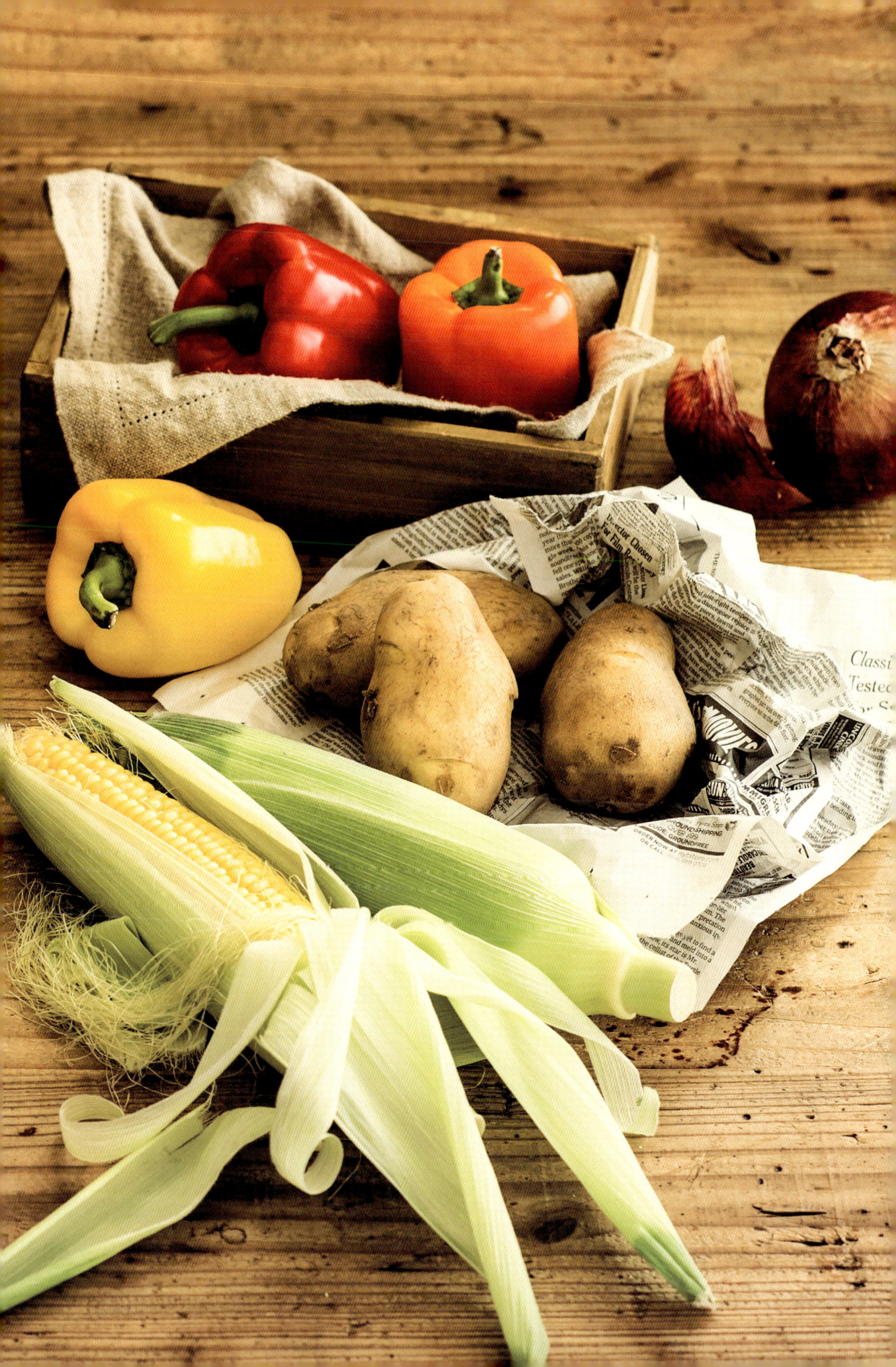

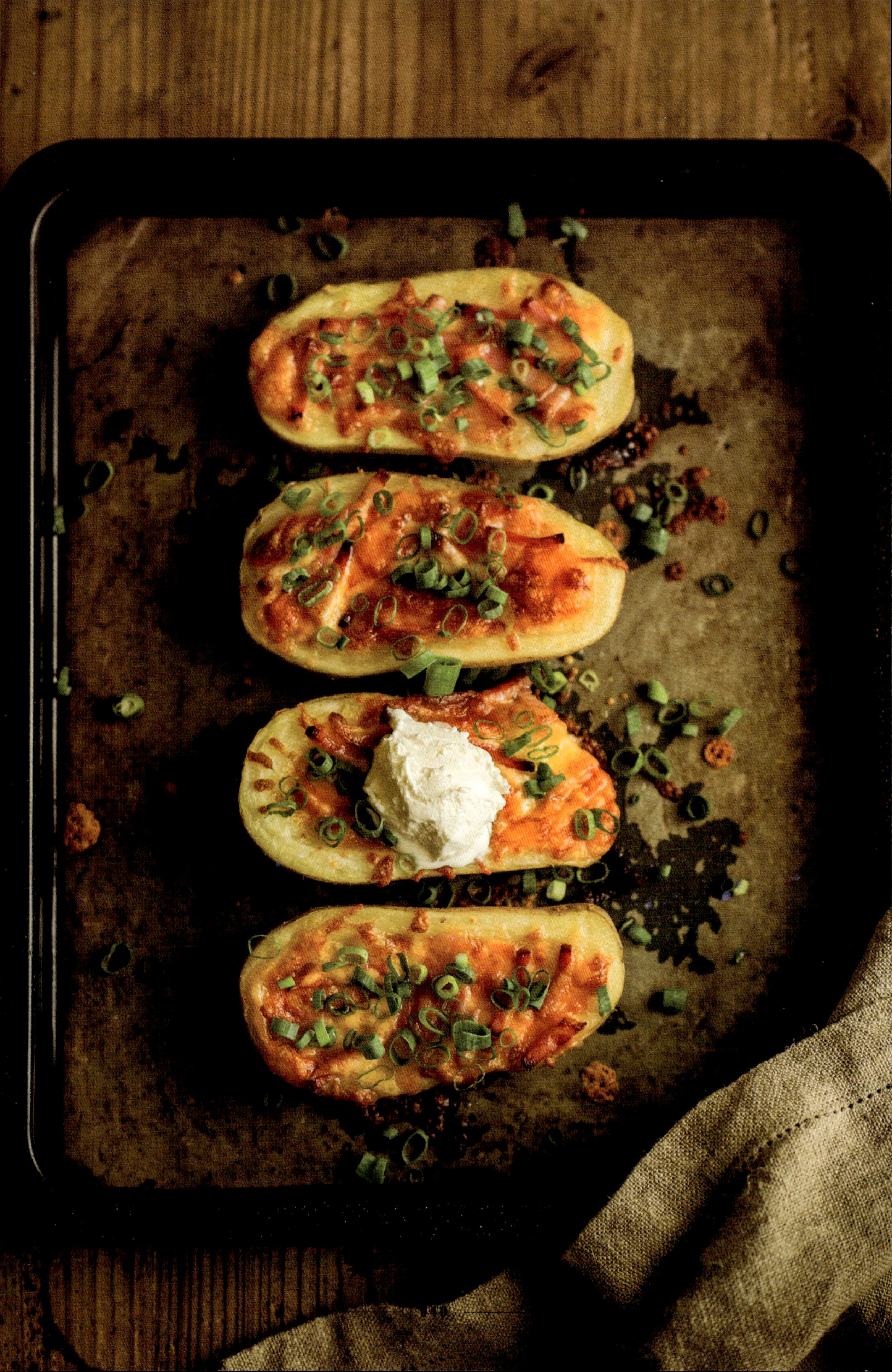

Part 3 • Potato/Tomato/Avocado/Corn
じゃがいも

ポテトスキン

「じゃがいもの皮」という名前が面白いアメリカの定番アペタイザー（前菜）。
マッシュポテトなどを作るときに捨てる皮を利用したのがそもそもの始まり。
今ではひとつの料理として存在するので、実を多くつけたものが多いんです。

材料：2～4人分

じゃがいも（メークイン）
　……2個（長さ10～12cmくらいのもの）
厚切りベーコン……1枚
ピザ用チェダーチーズ……40g
ピザ用モッツァレラチーズ……50g
わけぎ……2本
粗びきミックスペッパー……適量
サワークリーム……大さじ4

1　じゃがいもはきれいに洗って、かぶる量の水と一緒に鍋に入れ弱火にかけてゆっくりと芯に火が通るまで茹でる。
2　1を縦半分に切り分け皮から1.5cmくらいを残したあたりに包丁で切り込みを入れ、スプーンで実をくり抜く。（a/b/c）
3　オーブンシートを敷いた天板におき、2種類のチーズを混ぜたものの半量を2のくり抜いた部分に入れ、細切りにしたベーコンをのせる。その上に残りのチーズをのせ、250℃に温めたオーブンで約15分焼く。
4　3に小口切りにしたわけぎを散らし、ミックスペッパーをふる。
5　食べる直前に、サワークリームを大さじ1ずつのせる。

a　b　c

Tips!　スプーンですくって食べるのではなく、皮ごと食べちゃってくださいね。ポテトスキン、皮が主役ですから！

042

Part 3 • Potato/Tomato/Avocado/Corn
じゃがいも

ハッシュブラウンとフライドエッグ (写真上)

アメリカの代表的な朝ごはん。じゃがいものでんぷんで固まるので、
塩とこしょう以外はなんにもいりません。目玉焼きも多めのオイルで裏面をカリッと焼くのがコツ！

材料：1〜2人分
(6.5インチスキレット1個分)

じゃがいも……2個
EXVオリーブオイル……大さじ3
塩……適量
黒こしょう……適量
卵……1個
粗びき黒こしょう……少々
パセリ(生)……少々

1 じゃがいもは皮をむき、せん切りにして塩と黒こしょうを混ぜる。
2 スキレットにオリーブオイル大さじ2を強めの中火で熱して1を入れ、なるべく動かさず、たまに裏返しながら茶色く火が通るまで焼いて、火からおろす。
3 別のスキレットにオリーブオイル大さじ1を強めの中火で熱し、卵を割り入れる。卵の周りが茶色く色づいたら弱火にして白身が固まるまで焼く。
4 3を2の上にのせ、粗びき黒こしょうをふり、パセリのみじん切りを散らす。

Tips! じゃがいもは水にさらしません。すぐに変色するので切ったらすぐに火を通してくださいね。

ハッシュブラウンカントリータイプ (写真下)

アメリカ南部を旅行したとき、ダイナーで食べる朝ごはんに出てくるハッシュブラウンは
こちらのタイプが多かった。卵をのせるのは私流！

材料：1〜2人分
(6.5インチスキレット1個分)

じゃがいも……2個
ハム(ブロック)……60g
EXVオリーブオイル……大さじ2
お好みのハーブソルト……小さじ1/4
黒こしょう……少々
卵……1個
パセリ(生)……少々

1 ハムは1cm角に切り分ける。じゃがいもは皮をむき1cm角に切り分ける。
2 スキレットにオリーブオイルを中火で熱し、1を炒める。
3 半分ほど火が通ったらハーブソルトと黒こしょうを加え、中火にしてあまり動かさずに茶色く色づくまで焼く。たまにかき回して様子をみる。
4 中央にくぼみを作り、卵を割り入れる。白身が固まるまで加熱する。パセリのみじん切りを散らす。

Tips! こちらもじゃがいもは水にさらしませんので、すぐに調理を。熱いうちに卵を混ぜて食べるのがおいしい。

ミートソースとクリームポテトのキャセロール

クリーミーなじゃがいもとミートソースのコラボがおいしい!
トップに絞ったクリームポテトの焼き色が何とも言えないおいしさをかもし出します。

材料：4人分（1ℓキャセロール1個分）

じゃがいも……6個（約800g）
バター……25g
牛乳……150ml
ミートソース（P13参照）……約500g

1. クリームポテトを作る。じゃがいもはきれいに洗い、かぶる量の水と一緒に鍋に入れ弱火で茹でる。芯までやわらかくなったら、熱いうちに皮をむいてつぶす。
2. 1にバターと牛乳を加えてブレンダー（スティックミキサー）で滑らかにする。1/3量を残してキャセロールに詰める。
3. 2にミートソースをのせる。
4. 2で残しておいたクリームポテトを、口金をつけた絞り袋に入れ、3の上に絞り出す。
5. 250℃に設定したオーブンの予熱段階から入れ、約15分焼く。

Tips! 茹でたじゃがいもは熱いうちにクリームポテトにしてくださいね。冷めてしまうと粘りが強くなってしまいます。

Part 3 • Potato/Tomato/Avocado/Corn
じゃがいも

揚げない！ コロッケ風ココット

残りものリメイク！「ミートソースとクリームポテトのキャセロール」が余ってしまったらお試しください。
せん切りキャベツを添えればコロッケ風の味わいに！

材料：2人分（200mlココット2個分）

ミートソースとクリームポテトのキャセロール
　　　（P44参照）……約500g
パン粉（乾）……大さじ1

1　ミートソースとクリームポテトのキャセロールを混ぜ合わせ、ココット2個に分けて入れる。
2　パン粉を1の上にふり、余熱しておいたオーブントースターで2〜3分焼く。

arrange

クリームポテトのアレンジ

クリームポテトのアレンジは無限大！ココットなど深めの器に入れえ、残り物のカレーや炒めものをのせるだけで立派な一品に。

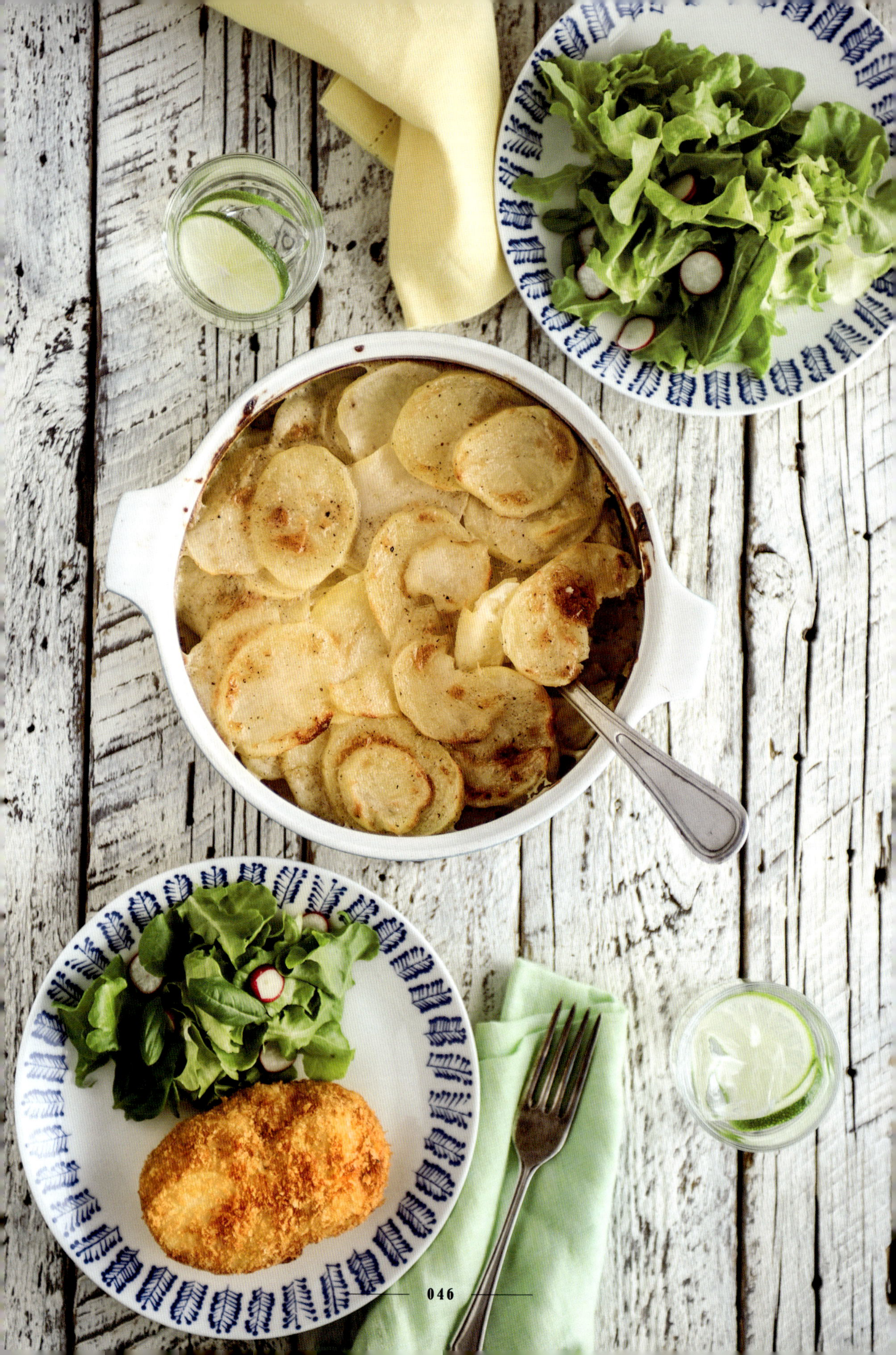

スカラップドポテト

アメリカのキャセロールの定番。
名前の由来は、ほたて貝柱に見えるからとも、ほたての貝殻を器にして作ったからとも言われています。
どっちにしても簡単なのに本当においしいポテトキャセロール！

材料：4人分（1ℓキャセロール1個分）

じゃがいも……4個
牛乳……150ml
生クリーム……100ml
お好みのハーブソルト……小さじ1
ミックスペッパー……少々

1 じゃがいもは皮をむき、2〜3mm厚さの輪切りにする。
2 鍋に1と他すべての材料を入れて和える。中火にかけ、1分ほどぐつぐつ煮る。
3 キャセロールに2を入れ、アルミホイルでふたをして200℃に温めたオーブンで20分焼く。アルミホイルをはずして、さらに20分焼いて焼き色をつける。

Tips! じゃがいもは水にさらさずに、切ったらすぐに調理してくださいね！

スカラップドポテトコロッケ

スカラップドポテトが食べきれなかったときのリメイク術。
層になったままコロッケにすると、サクッとした衣との食感コラボも楽しい変わりコロッケの出来上がり。

材料：1人分

スカラップドポテト（上記参照）
　　　……約120g
薄力粉……大さじ1
卵……1/2個
パン粉（乾）……大さじ2
揚げ油……適量

あしらいの野菜
　フリルレタス……2枚
　スイートバジル（生）……4枚
　ラディッシュ……1個

1 スカラップポテトの層が崩れないように握ってコロッケの形を作る。
2 1に薄力粉をまんべんなくつけて、溶き卵、パン粉の順にまぶす。
3 形を整えて高温（約180℃）の揚げ油に入れ、揚げ色がついてきたら裏返す。両面がこんがり揚がれば出来上がり。
4 フリルレタス、バジル、薄い輪切りにしたラディッシュと一緒に盛り付ける。

Croquette

切り口が層になっているので、子どももきっと大喜び！ 残りもので、こんな楽しいコロッケができるなら、わざと多めに作りたくなります。

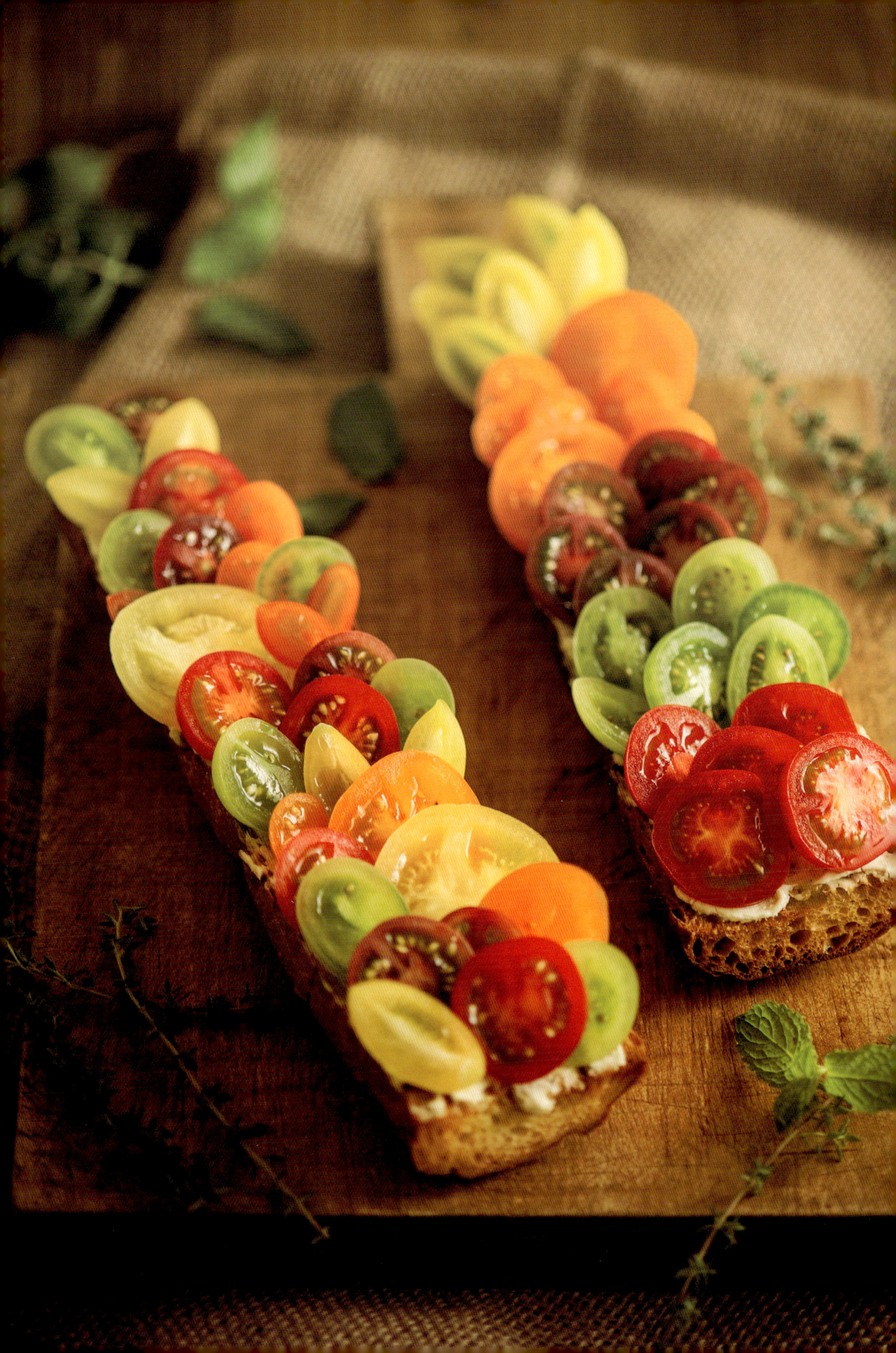

Part 3 ● Potato/Tomato/Avocado/Corn
トマト

彩りトマトのガーリックトースト

香ばしくカリッと焼き上げたオリーブオイル風味のガーリックトーストに、
宝石箱のように彩り豊かなトマトたちをトッピングしました。ハーブをきかせたクリームチーズは
味だけでなく接着剤の代わりも！ パーティーの花形になること間違いなし。

材料：4人分

バゲット……1/2本（約30cm）
にんにく……2かけ
EXVオリーブオイル……大さじ3
クリームチーズ……100g
お好みのハーブソルト……小さじ1/2
ミニトマト（5色）……各3個
ミディトマト（2色）……各1個
タイム（生）、スペアミント（生）……各適量

1 にんにくをすりおろし、オリーブオイルと混ぜる。
2 バゲットは縦半分に切って、切り口に 1 を塗る。
3 230℃に温めたオーブンで、2 を10分焼いてこんがり焼き色をつける。（a）
4 ミニトマトとミディトマトは、5mmほどの厚さに切る。
5 クリームチーズにハーブソルトを混ぜて冷めた 3 に塗り、4 を彩りよく並べてのせる。
6 タイムとスペアミントをあしらい、盛り付ける。

a

Tips! 切り分けながら食べられるよう、盛り付けは
カッティングボードにすると便利です。

焼きトマトと枝豆のホットサラダ

焼きトマトの濃厚な甘みと枝豆の香ばしさが調和したホットサラダ。そのまま食べても、ガーリックブレッドなどにのせてもよし！ 簡単なのでパーティーのウェルカムフードにどうぞ。

材料：4人分

ミニトマト（5色）……計50個くらい
ミディトマト（2色）……各1個
枝豆……200g（さや付きで計量）
A ［EXVオリーブオイル 大さじ2、バルサミコ酢 大さじ1、塩 小さじ1/4、黒こしょう 少々、バジル（乾） 小さじ1］

1. トマトはヘタつきのままきれいに洗ってボウルに入れる。
2. 枝豆は少量の塩を加えた熱湯で5分茹でてさやから取り出し、1のボウルに入れる。
3. Aの材料を1のボウルに加え、よく混ぜ合わせる。
4. 天板にオーブンシートを敷き、3を広げる。
5. 230℃に温めたオーブンで13〜15分焼く。そのまま平たい皿に平らに盛りつける。

Tips! トマトのヘタは食べられません。気になる方は焼く前に取り除いてくださいね。

Part 3 ● Potato/Tomato/Avocado/Corn
トマト

トマト入りオニオングラタンスープ

あめ色に炒めた玉ねぎの濃厚なスープにトマトの酸味を加えてみたら、とても食べやすくなりました！
見た目も可愛い丸ごとトマト入りオニオングラタンスープです。

材料：2人分
(350ml キャセロール2個分)

玉ねぎ……2個
無塩バター……40g
薄力粉……小さじ1
タイム(乾)……小さじ1/2
ローリエ(乾)……1枚
白ワイン……60ml
ビーフコンソメ(固形)……1個(6.5g)
水……600ml
トマト……2個
パルメザン粉チーズ……大さじ1
ピザ用ナチュラルチーズ……50g
バゲット……4切(薄切り)

1. 耐熱ガラス容器に、繊維を断ち切る方向に薄切りにした玉ねぎとバターを入れ、ラップをかけて電子レンジで5分加熱する。
2. 1を底の厚い鍋かフライパンに移し、中火で20〜30分ほど、玉ねぎがあめ色になるまでかき回しながら炒める。
3. 2に薄力粉を加えて炒め、ワイン、タイム、ローリエを加えてひと煮立ちさせたら、水とビーフコンソメを加え、たまに混ぜながら弱火で15分ほど煮る。
4. 湯むきしたトマトの頭の部分からトマトの高さの半分くらいまで、十字に切れ目を入れる。
5. 2つのキャセロールにバゲットを1切ずつ入れ、4をのせる。
6. 3を5に注ぎ、チーズ2種類と残りのバゲットを加えて250℃に温めたオーブンで10分焼く。

トマトカップ焼きボロネーゼ

トマトの器の中はミートソースパスタ！ ちょっとサプライズなトマトカップです。
とろりんチーズの焦げたところもおいしい。

材料：2人分

トマト……大2個
ファルファッレ……8個
ミートソース（P13参照）……100g
ピザ用モッツァレラチーズ……大さじ2

Tips! 切り取ったトマトの上の部分と、くり抜いた中身は次ページでドレッシングの材料にします。

1 ファルファッレは、塩を入れた熱湯で袋の表記通りに茹でてざるにあげ、EXVオリーブオイル少量（分量外）を混ぜる。
2 トマトの頭から1/4くらいのところを水平に切り取り、中身の種をスプーンでくり抜く。
3 2のトマトに1を4個ずつ詰めて、その上からミートソースを詰める。
4 3にピザ用チーズをのせ、オーブンシートを敷いた天板にのせ、250℃に温めたオーブンで10〜13分焼く。

Part 3 • Potato/Tomato/Avocado/Corn
トマト

トマトドレッシングでスライスマッシュルームのサラダ

トマトの香りがおいしい簡単ドレッシング。2種類のマッシュルームを
スライサーで極薄切りにしただけのサラダに、トマトドレッシングの酸味がマッチ!

トマトドレッシング
材料:作りやすい分量

P52でくり抜いたトマトの中身と切り取った
　頭の部分……正味約150g
レモン果汁……1/2個分
お好みのハーブソルト……小さじ1/4
EXVオリーブオイル……大さじ1

1　すべての材料をボウルに入れ、ブレンダー(スティックミキサー)でジュース状になるまで攪拌する。

スライスマッシュルームサラダ
材料:2人分

ホワイトマッシュルーム……5個
ブラウンマッシュルーム……5個
フリルレタス……2枚
トマトドレッシング(左記)……適量

1　マッシュルームはペーパータオルで拭いて汚れを落とし、スライサーで薄切りにする。
2　フリルレタスを一緒に皿に盛り付け、トマトドレッシングをかける。好みでEXVオリーブオイル(分量外)を回しかける。

Tips! マッシュルームは、切り口がすぐに褐変します。食べる直前に薄切りにしましょう!

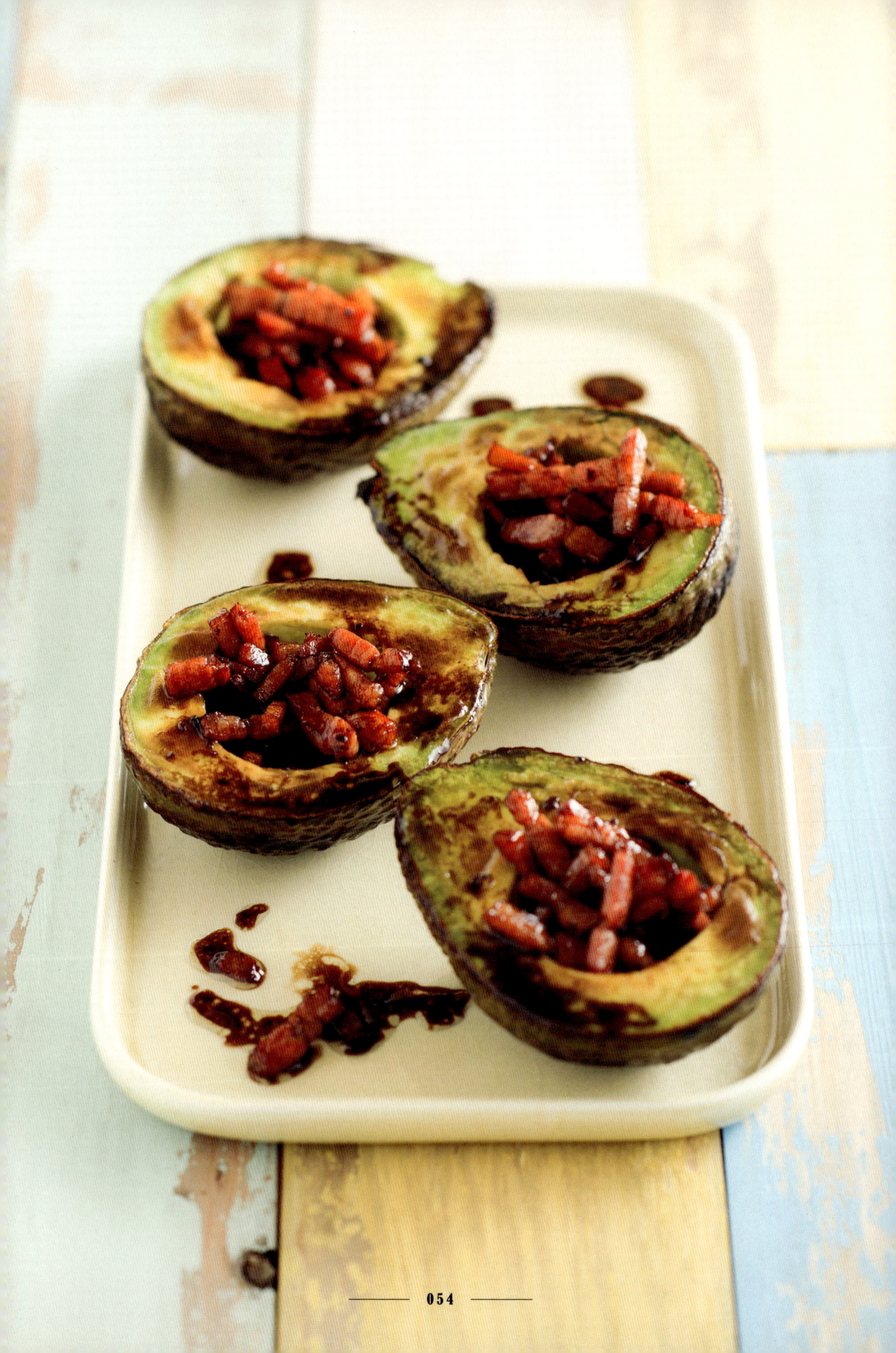

Part 3 • Potato/Tomato/Avocado/Corn
アボカド

半割アボカドソテー　ベーコンバルサミコソース

切り口だけを香ばしく焼き上げたアボカドの種の穴に、
ベーコンの旨みたっぷりのバルサミコ醤油だれをたっぷりと！

材料：4人分

アボカド……2個
EXV オリーブオイル……大さじ1
ソース
　厚切りベーコン……2枚
　A［バルサミコ酢 大さじ2、しょうゆ 大さじ2、
　　みりん 小さじ2］

1. アボカドは縦半分に包丁でぐるりと切れ目を入れ、ひねって半割にして種を取る。フライパンにオリーブオイルを中火で熱し、アボカドの切り口を下にして焼き色がつくまで焼く。
2. アボカドを取り出し弱火にして、細切りにしたベーコンを入れ、かき回しながらじっくり炒める。ベーコンが跳ねるようになったら火からおろし、混ぜ合わせたAを手早く加える。
3. 1を皿に盛りつけ、種の穴に2を等分に入れる。スプーンで混ぜながら食べる。

Avocado

アボカドのお話。

　私がアメリカに渡ったのは1995年。その頃、日本では今のようにアボカドはメジャーではありませんでした。
　アボカドの原産地はアメリカ南部からメキシコですが、私がいた北アメリカのシカゴでも、当時から今と同じようにアボカドが食べられていました。アメリカで生まれたお寿司、カリフォルニアロールのメインの具はアボカドですね。
　日本では2000年くらいから急激に輸入数が増え、今では輸入量の多い果物の第3位になっているとのこと。バナナ、パイナップルに次ぐそうです！

　アボカドは緑色で店頭に並んでいることが多いですが、これを追熟させ黒くなってきた頃が料理の素材として最適。ヘタ口がしっかりしているものを選べば、ほぼハズレはありません。今では、トマト1個よりも安い値がついていることの多いアボカドですが、森のバターと呼ばれるほど栄養価の高い食材です。上手に料理に取りいれたいですね。

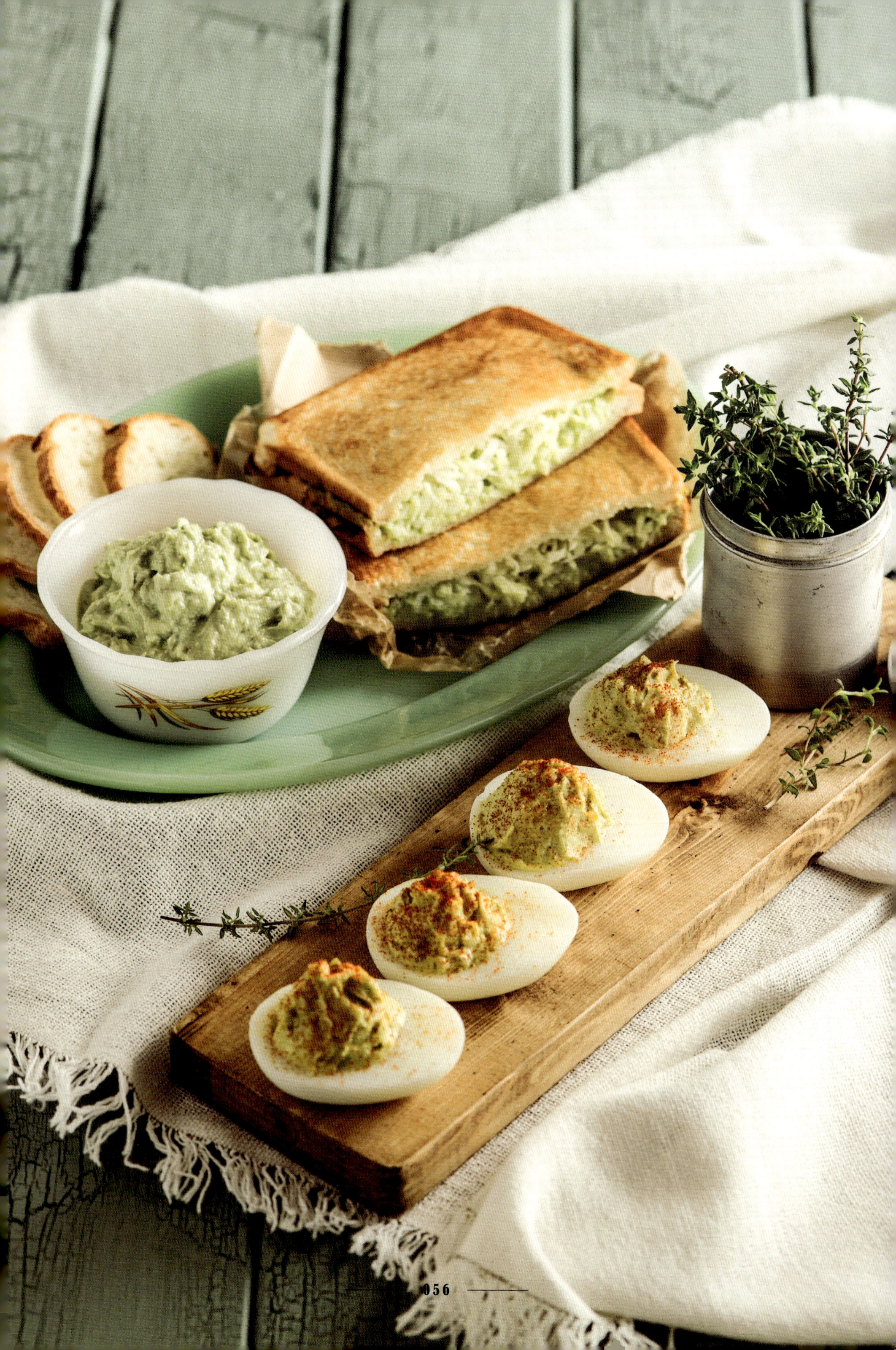

Part 3 • Potato/Tomato/Avocado/Corn
アボカド

柚子胡椒とクリームチーズのアボカドディップ

ちょっと和風のアボカドディップ。バゲットやコーンチップスにつけて召し上がれ。
サンドイッチやハンバーガーに合わせてもおいしい。

材料：作りやすい分量

アボカド……1個
クリームチーズ……60g
柚子胡椒……小さじ2
バゲットなど……適量

1 クリームチーズと柚子胡椒をボウルに入れ、アボカドをつぶしながらよく混ぜ合わせる。バゲットなどにつける。

アボカドクリームスタッフドエッグ

アメリカでよく作られるアペタイザーのひとつ。ゆで卵の黄身をアレンジして詰めるもの。
手軽で可愛くて、パクッと食べやすいから大人気!

材料：2〜4人分

柚子胡椒とクリームチーズのアボカドディップ
　（上記参照）……大さじ4
卵……2個
パプリカパウダー……少量
タイム（生）……適量

Tips! 1は失敗しない半熟卵の作り方です。殻もきれいにむけます。

1 ゆで卵を作る。卵が完全にかぶる量の水を小鍋に入れて沸騰させて火からおろす。冷蔵庫から出したばかりの冷えた卵を、お玉などを使い熱湯の中に静かに入れる。再び鍋を弱火にかけ、たまに卵の向きを変えながら、弱火でぴったり10分茹でたらすぐに水にさらす。
2 1の殻をむき縦半分に切り黄身を取り、ボウルに入れる。アボカドディップを加えて混ぜ合わせ、白身の穴にこんもりと詰める。
3 茶こしでパプリカをふり、タイムを添える。

アボカドディップとキャベツのホットサンド

こんなに大量のキャベツをうまくはさめるかしら？　と思うくらい思い切った量をはさむのが
おいしさの秘訣です。バターを塗った面を焼くので香ばしくきれいな焼き上がりに!

材料：1人分

柚子胡椒とクリームチーズのアボカドディップ
　（上記参照）……大さじ4
キャベツ……2枚
食パン（8枚切り）……2枚
バター……10g

1 食パンにバターを半量塗り、ホットサンドトースターにバター面を下にしてのせる。アボカドディップを塗り、キャベツのせん切りをのせて、もう1枚の食パンをかぶせる。
2 1の食パンの上面に残りのバターを塗り、ホットサンドトースターではさみ、弱めの中火で両面をこんがり焼く。

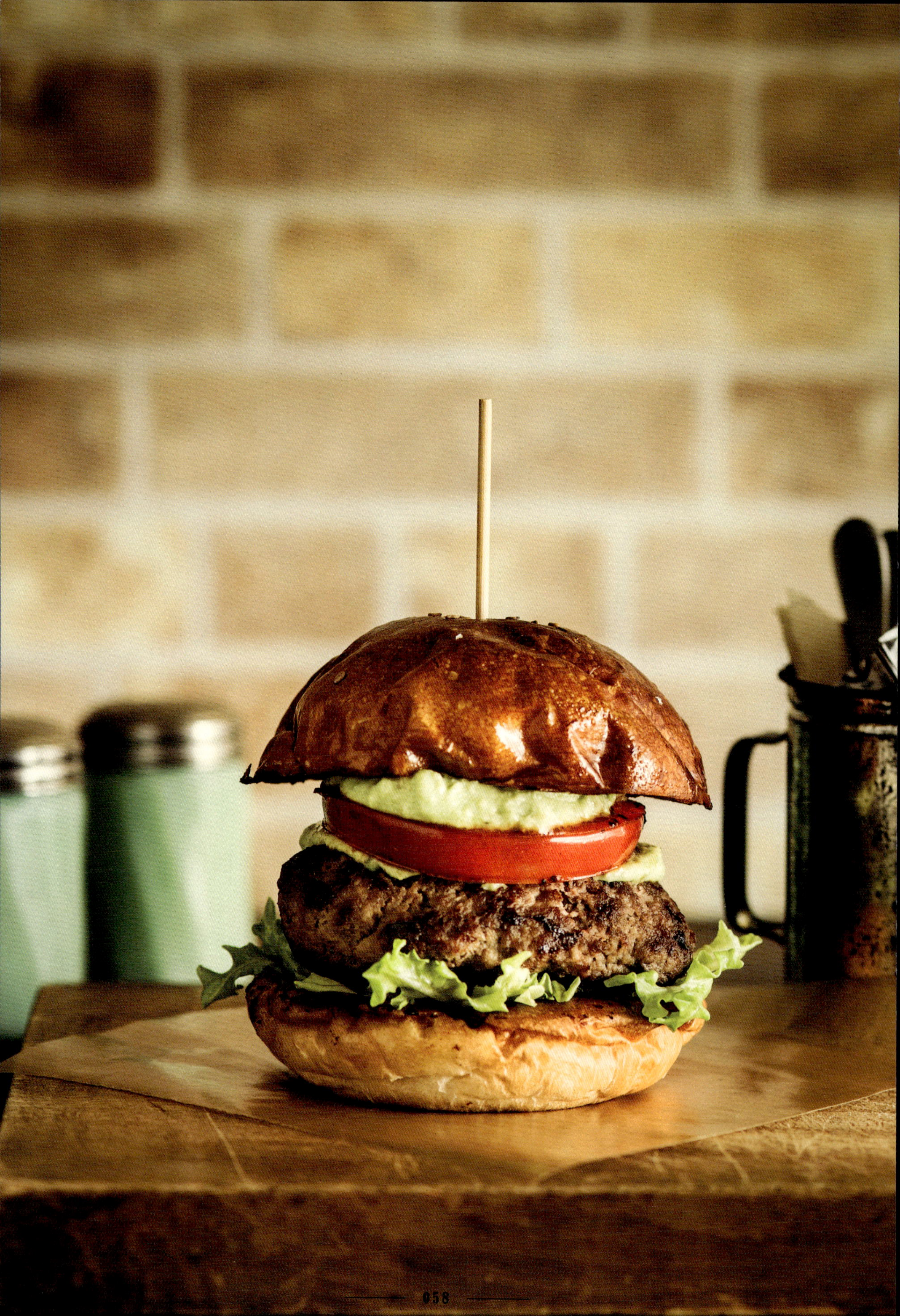

Part 3 • Potato/Tomato/Avocado/Corn
アボカド

アボカドソースのハンバーガー

肉を焼いたフライパンでバンズの切り口を焼くと、
フライパンに滲み出た肉汁をバンズが吸ってくれてカリカリに焼けるのです。
そのバンズで作るハンバーガーのおいしいことと言ったら!

材料：1人分

パテ
　牛ひき肉……150g
　塩……小さじ1/2
　黒こしょう……少々

バンズ……1個
柚子胡椒とクリームチーズの
　アボカドディップ（P57参照）
　……大さじ1～2
レタス……1/2枚
トマト輪切り……1枚
玉ねぎ輪切り……1枚
EXV オリーブオイル……大さじ1

1. パテの材料をボウルに入れ、白っぽくなるまで手でよく混ぜ合わせる。バンズの径より少し大きめの円にする。
2. フライパンにオリーブオイルを強火で熱し、1を入れたら弱火にして4分ほど焼くと、パテの周りが焼けてくるのがわかるので、そこで裏返す。弱火のまま4分焼く。（a）
3. 肉を焼いたら、同じフライパンで半分に切ったバンズの切り口を下にして、肉汁を吸わせながら焼き色がつくまで焼き付ける。（b）
4. バンズが焼けたら取り出し、玉ねぎを軽くソテーする。
5. 下からレタス、パテ、アボカドディップの1/3量、玉ねぎ、トマト、残りのアボカドディップの順にバンズにはさみ、中央に竹串を通す。

Patty

パテについて

　アメリカでは日本のような「ハンバーグ」に出会ったことはありませんでした。南部には似たものがあるようです。アメリカではハンバーガーの具になる「ハンバーグ」のことをパテと呼びます。つなぎを加えず牛ひき肉100％のもの。加えるのは少量の塩だけです。
　バーベキューパーティーなどに参加すると、一番多く焼かれるのがこのビーフパテ。BBQコンロの粗い網の上でも焼き崩れることなく、おいしいハンバーガーに焼成されます。

カジキソテーのアボカドマッシュルームオニオンサンド

バンズからはみ出さんばかりの大きなかじき、アボカドのまったり食感と、
マッシュルームオニオンの旨みが絶妙なハーモニー。

材料：2人分

玉ねぎ……1個
マッシュルーム……10個
EXVオリーブオイル……大さじ2
大葉にんにく醤油（下記参照）
　　……大さじ2
七味唐辛子……少々
かじきまぐろ……2切
塩……少々
黒こしょう……少々
バンズ……2個
無塩バター……10g
アボカド……1/2個

1　フライパンにオリーブオイル大さじ1を中火で熱し、繊維に直角に薄切りにした玉ねぎをしんなりするまで炒める。
2　マッシュルームは縦に3mm厚さに切り、1に加えて炒める。
3　2がしんなりしたら大葉にんにく醤油と七味唐辛子を加え、水分がとぶまで炒める。
4　別のフライパンに残りのオリーブオイル大さじ1を中火で熱し、かじきまぐろを焼く。片面を1分焼いたら裏返して塩と黒こしょうをふる。火が通るまで1〜2分焼く。
5　3を取り出したフライパンを再び中火にかけてバターを溶かし、半分に切ったバンズの切り口を焼き色がつくまで焼く。
6　下から薄切りにしたアボカド、4、3、1の順にバンズにはさむ。

大葉にんにく醤油の作り方

きれいに洗って水けをきった大葉20枚、にんにく2かけ分の薄切りを清潔なジャーまたはビンなどに入れ、かぶる量のしょうゆを注ぎ入れ、ふたをして冷蔵庫で一晩以上おく。しょうゆはもちろん、漬けている大葉、にんにくも調味料として活用できる。

Part 3 ● Potato/Tomato/Avocado/Corn
アボカド

アンチョビとアボカドのバゲットサンド

アンチョビとはちみつ味噌のドレッシングがアボカドに合わさり、あと引くおいしさに！
ランチにぴったりです。

材料・1人分

バゲット……約12cm
アボカド……1/2個
フリルレタス……1枚
はちみつ味噌(下記参照)……10g
アンチョビ……5g
EXV オリーブオイル……小さじ1
ピンクペッパー……少々
ケーパー……少々
トマトジュース、フレッシュトマトレリッシュ
　(P82参照)……各適量
イタリアンパセリ(生)……少々

1 はちみつ味噌、オリーブオイル、アンチョビをよく混ぜ合わせドレッシングを作る。
2 アボカドは皮をむき、縦5枚に薄切りする。
3 バゲットに切れ目を入れ、1の半量を塗る。洗って水けを拭き取ったフリルレタス、2、残りの1、ピンクペッパー、ケーパーをはさむ。
4 トマトジュースとレリッシュを味をみながら合わせて冷製スープを作り、カップに注ぎ、イタリアンパセリを浮かせて添える。

はちみつ味噌の作り方

お好みのみそ2に対し、はちみつ1の割合で混ぜ合わせた調味料。清潔なジャーやビンなどにみそ100g、はちみつ50gをよく混ぜて入れ、冷蔵庫で保管する。

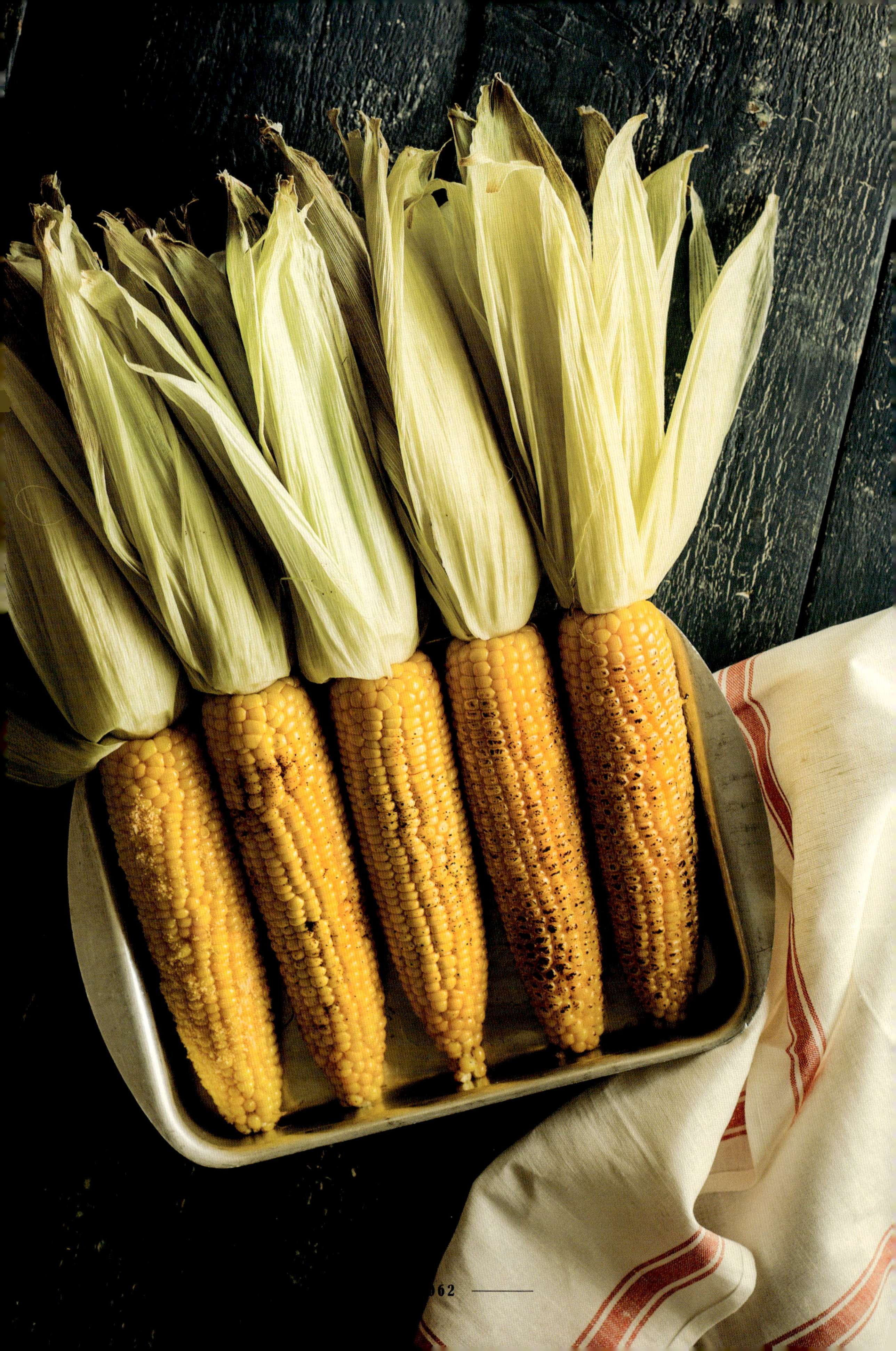

Part 3 • Potato/Tomato/Avocado/Corn
とうもろこし

オーブンでジューシー焼きとうもろこし

皮付きのままBBQコンロで焼いていたアメリカ時代。今はオーブンで焼いています。
皮の中で蒸し焼きにされた実はふっくらおいしい！ 5種類の味を楽しんでくださいね。

材料：5人分

皮つきとうもろこし……5本
無塩バター……30g
パルメザンチーズ（粉）……大さじ1
カイエンペッパー……少々
クミンパウダー……少々
チリパウダー……少々
岩塩……少々
黒こしょう……少々
ナンプラー……大さじ1
メープルシロップ……大さじ1
たまり醤油……小さじ1/2

1. とうもろこしのひげがついているものはひげを切り取る。皮つきのまま250℃に温めたオーブンで20～25分焼いてから皮をむく。皮は切り取ってしまわずに、実の下で束ねて持ち手にする。（a）
2. 無塩バターを小鍋に入れ、弱火にかけて溶かし、とうもろこし3本に刷毛で塗る。（b/c）
3. 1本目　パルメザンチーズとカイエンペッパーをふる。（d）
4. 2本目　クミンとチリパウダーをふる。（e）
5. 3本目　岩塩と黒こしょうをふる。（f）
6. 4本目は溶かしバターは塗らずに、ナンプラーを塗ってガスの火であぶる。（g）
7. 5本目も溶かしバターは塗らずに、メープルシロップとたまり醤油を塗ってガスの火であぶる。（h）

コーンプディングキャセロール

サンクスギビングデーの食卓にたまに登場するコーンのお料理を簡単に作ってみました。
とうもろこしの季節であれば、ぜひ、サッと茹でたとうもろこしを使ってみてください！

材料：4人分
（1ℓキャセロール1個分）

冷凍コーン……600g
全卵……1個
卵白……2個分
牛乳……450ml
薄力粉……大さじ1
無塩バター……15g
塩……小さじ1
黒こしょう……適量

1　フライパンにバター10gを入れて中火で加熱し、バターが溶けたら冷凍のままのコーンを入れる。コーンに火が通ったら薄力粉を入れて炒め、牛乳を加えて温める。味をみながら塩と黒こしょうを入れる。
2　卵をすべて溶きほぐして1に加え、フツフツと煮えてきたらキャセロールに移し、残りのバター5gを3か所に分けてのせる。
3　170℃に温めたオーブンで15〜20分焼く。

Part 3 ● Potato/Tomato/Avocado/Corn
とうもろこし

パプリカカップのコーンプディング

夏の野菜コーンとパプリカのコラボは、見た目にも元気が出そうな料理です！
ジューシーに焼けたパプリカの中にはツブツブコーンがいっぱい！　大人も子どもも大好きですね。

材料：1〜2人分

パプリカ（赤、オレンジ）……各1/2個
コーンプディングキャセロール（P64参照）
　……すべての分量を1/6にして作る
ピザ用モッツァレラチーズ……20g
イタリアンパセリ（生）……適量

1　縦半分に切ったパプリカは種を取り除く。
2　コーンプディングの材料をすべて1/6にして、工程**2**のキャセロールに入れる前まで作ったら**1**に等分に詰める。
3　ピザ用チーズをかけて、250℃に温めたオーブン下段で13〜15分焼く。皿に盛り付け、イタリアンパセリを添える。

Part.4 Holidays And Event Recipes
こんがりレシピでおもてなし

Roast Lemon Chicken

**ローストレモンチキンで
おもてなしテーブル**

丸鶏ローストを中心に暖色系の食材を集めました。
ホリデーシーズンもいよいよ盛り上がる頃、
カジュアルで気取らないおもてなしをどうぞ。

OMOTENASHI
MENU

ローストレモンチキン
パンプキンオリーブオイルミルクスープ
シュリンプカクテル
ミニチーズパフ
にんじんとクランベリーのサラダ
チョコプリン
ジンジャースナップ

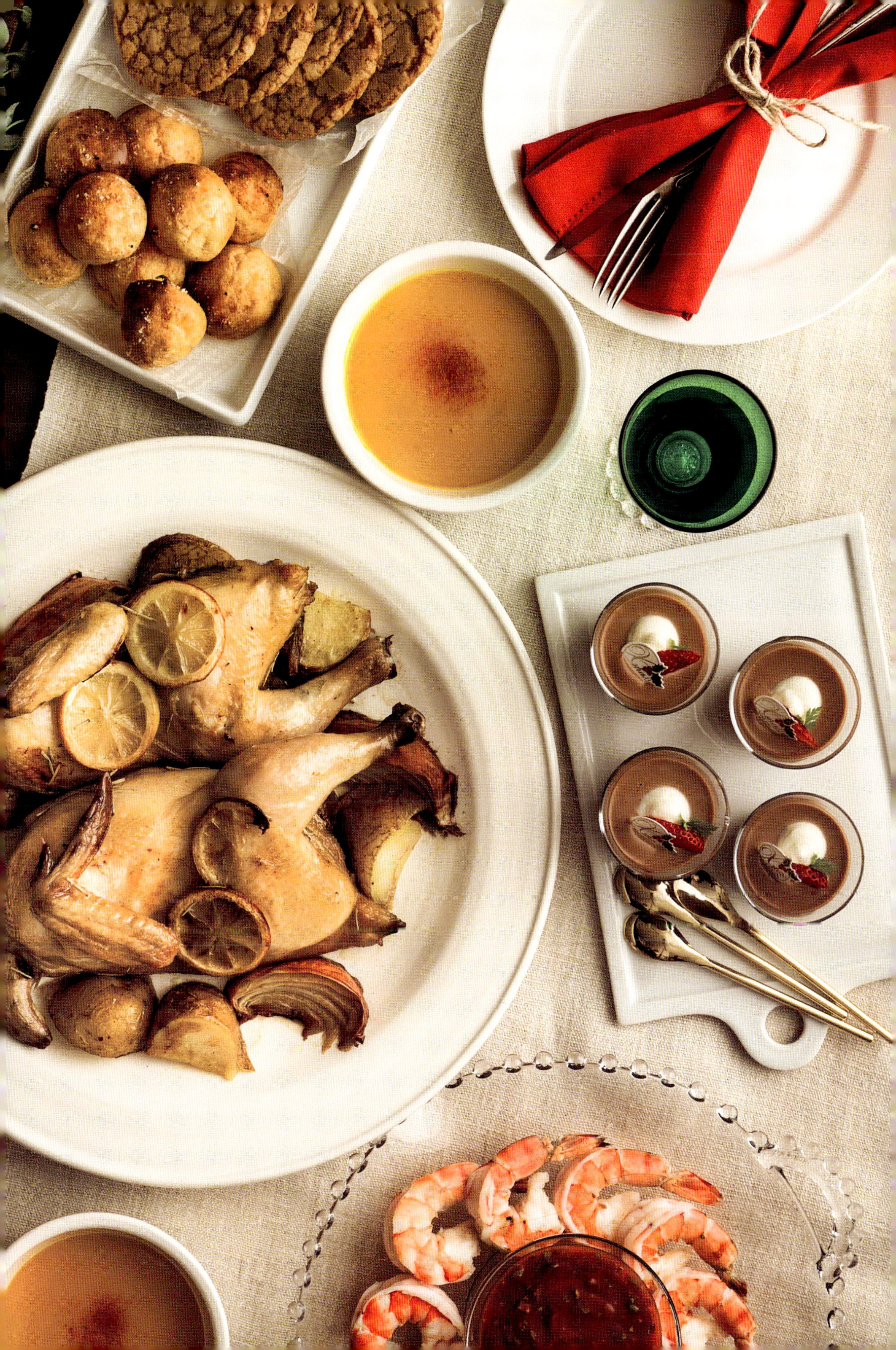

ローストレモンチキン

ホリデーシーズンに鶏の丸焼きを作りたいけど、ハードルが高いと思っている方にオススメ。
半分に切って焼けば簡単です。熱の通りもよく、詰め物も考えなくていいのです！

材料：4人分

丸鶏……1羽（約1kg）
ブランデー……50ml
EXVオリーブオイル……50ml
塩……小さじ1/2
ローズマリー（乾）……大さじ1
レモン（輪切り）……4枚
玉ねぎ（小さめ）……2個
じゃがいも（小さめ）……2個

a

1 丸鶏は半分に切る。塩（分量外）を皮と肉に振りかけ、手でもみ込む。10分ほどおいたら水が出てくるので、ペーパータオルで拭き取る。

2 ブランデー、オリーブオイル、塩、ローズマリーを混ぜ合わせて、バットなどに入れた1にかけ、レモンの輪切りものせる。このまま室温で3時間漬け込む（途中ひっくり返す）。（a）

3 玉ねぎは皮のまま4つのくし形切りにする。じゃがいもはきれいに洗って、皮のまま食べやすい大きさに切り、さっと水に通す。

4 2を皮を上にして天板に入れ、漬け汁を回しかける。3をチキンの周りにおき、200℃に温めたオーブンで40～50分焼く。途中何度か、皮に新しいEXVオリーブオイル（分量外）を塗る。

Part 4 • Holidays And Event Recipes

※ 添えているユーカリの小枝は食用ではありません。

パンプキンオリーブオイル ミルクスープ

かぼちゃ色の優しい味のスープ。お好みで
お気に入りのオリーブオイルを少し垂らしてどうぞ。

材料：2人分

かぼちゃ……1/4個（正味350g）　玉ねぎ
1/2個　EXVオリーブオイル……大さじ1　水……
200ml　ブイヨン（粉末）……小さじ1　牛乳……
200ml　塩……適量　パプリカパウダー……適量

1. 鍋にオリーブオイルと、繊維を断ち切るように薄切りにした玉ねぎを入れ、弱火でしんなりやわらかくなるまで焦げないように炒める。
2. 1に煮やすいように皮をむいて薄く小さく切ったかぼちゃ、水、ブイヨンを加えてふたをして、かぼちゃがやわらかくなるまで煮る。
3. 火からおろし、ブレンダー（スティックミキサー）を鍋の中に入れペースト状にする。牛乳を加え、味をみながら塩で調味し、沸騰直前まで温める。
4. 器に注ぎ、パプリカパウダーをふる。

Tips! かぼちゃの水分が少ない場合は、濃いペースト状になってしまうので、様子をみて水を多めに加えてください。

シュリンプカクテル

えびもソースも事前に作っておけるので、
パーティーの一品としてとても便利。

材料：2人分

えび……10尾
カクテルソース
　トマトケチャップ……大さじ3　ライム果汁……大さじ1　わさび……小さじ1/2　クミンパウダー……少々　パクチー（生）……1株（葉をみじん切り）
イタリアンパセリ（生）……適量

1. えびは尾を残して殻をむく。剣先を切り取り、尾の先を形よく切りそろえる。背を開き背ワタを取る。
2. 1を熱湯で火が通るまで茹でてざるにあげて水けをきり、乾燥しないようにラップをかけて冷蔵庫で冷やす。
3. カクテルソースの材料を混ぜ合わせて器に入れ、2とイタリアンパセリと一緒に盛り付ける。

ミニチーズパフ

外はさっくり、中はしっとり。ほのかな辛味が◎。

材料：4人分

エバミルク（無糖れん乳）……210g　**A**［薄力粉60g、パルメザンチーズ（粉）大さじ1、ベーキングパウダー 小さじ1/2、塩 少々、カイエンペッパー 少々］
全卵……1個　卵白……2個分　仕上げ用パルメザンチーズ（粉）……大さじ2

1. 鍋にエバミルクを入れ、中火で約60℃に温めたら火からおろす。あらかじめ混ぜておいた**A**を加えてヘラで混ぜ、再度弱火にかけてひと塊になったら火からおろす。
2. 卵白2個分の内1/2個分だけ残してボウルに入れ、全卵とよく溶き合わせる。
3. **1**に**2**を5回に分けて加え、その都度ヘラでよく混ぜ合わせて、粉気がなくなるまで滑らかにする。
4. **3**を13号丸の口金をつけた絞り出し袋に入れ、オーブンシートを敷いた天板に直径3cm弱で高さを作りながら、3cmくらい間隔をあけて絞り出す。
5. **2**で残しておいた卵白を刷毛で塗り、粉チーズをふる。190℃に温めたオーブンで15〜20分、焼き色がつくまで焼いたら170℃に下げて5分焼く。

にんじんとクランベリーのサラダ

にんじんのせん切りサラダに北米原産のクランベリー。ホリデーシーズンによく食べられる果実です。

材料：2人分

にんじん……1本　ドライクランベリー……大さじ1
ドレッシング
　レモン果汁……大さじ1　EXVオリーブオイル
　……40ml　塩……小さじ1/4
イタリアンパセリ（生）……適量

1. にんじんは皮をむき、せん切りにして、クランベリーと一緒にボウルに入れる。
2. ドレッシングの材料を小さなビンやジャーに入れ、乳化するまでふって混ぜ合わせる。
3. **1**と**2**をよく和えてから盛り付け、イタリアンパセリを添える。

Tips! ドライクランベリーは、レーズンなどお好みのドライフルーツに替えてもOK。

※ケーキピックは食用ではありません

チョコプディング

加熱した卵黄と、チョコレートの固まる力だけで固めたチョコプリンは本当に濃厚。パーティーの最後に。

材料：4〜6人分

卵黄……2個分　グラニュー糖……大さじ1
生クリーム……400ml　チョコレート……150g
トッピング
　　いちご……1〜2個　生クリーム……50ml　グラニュー糖……小さじ1/2　スペアミント(生)……適量

1. 小鍋に卵黄とグラニュー糖を入れてよく混ぜる。生クリームを入れ、かき回しながら弱火にかけ、沸騰直前に火からおろしてチョコレートを加える。
2. 1を再び弱火にかけ、かき回しながらチョコレートが完全に溶け、馴染むまで温め火から外す。粗熱がとれたら容器に流し入れ、冷蔵庫で冷やし固める。
3. トッピング用の生クリームにグラニュー糖を加えて泡立て、2に少量ずつのせる。いちごは小さく切り、ミントは穂先の小さな葉を切る。ケーキピックと一緒に飾り付ける。

Tips! 工程1では火が強すぎたり、かき混ぜるのを怠ると黄身がモロモロに固まってしまうので注意してくださいね。

ジンジャースナップ

しょうがの香りと辛味が口に広がります。表面のひび割れも、なんだかおしゃれなクッキーです。

材料：8枚分

薄力粉……65g　ジンジャーパウダー……小さじ1/2　ベーキングソーダ……小さじ1/2　塩……少々　グラニュー糖……50g　太白ごま油……大さじ3　メープルシロップ……小さじ1　卵……1/4個(12.5g)

1. ボウルに薄力粉、ジンジャーパウダー、ベーキングソーダ、塩を混ぜる。
2. 別のボウルにグラニュー糖と太白ごま油を混ぜ合わせたら、メープルシロップと卵を加え、乳化するまで混ぜる。
3. 2に1を加えて粉気がなくなるまで混ぜて8等分にしボール状に丸め、オーブンシートを敷いた天板に3cm間隔で並べる。180℃に温めたオーブンで13〜15分焼く。

Tips! ボール状に丸めた状態で焼成を始めると、温められた生地が溶けて自然に円盤状に広がります。間隔を十分にとってくださいね。

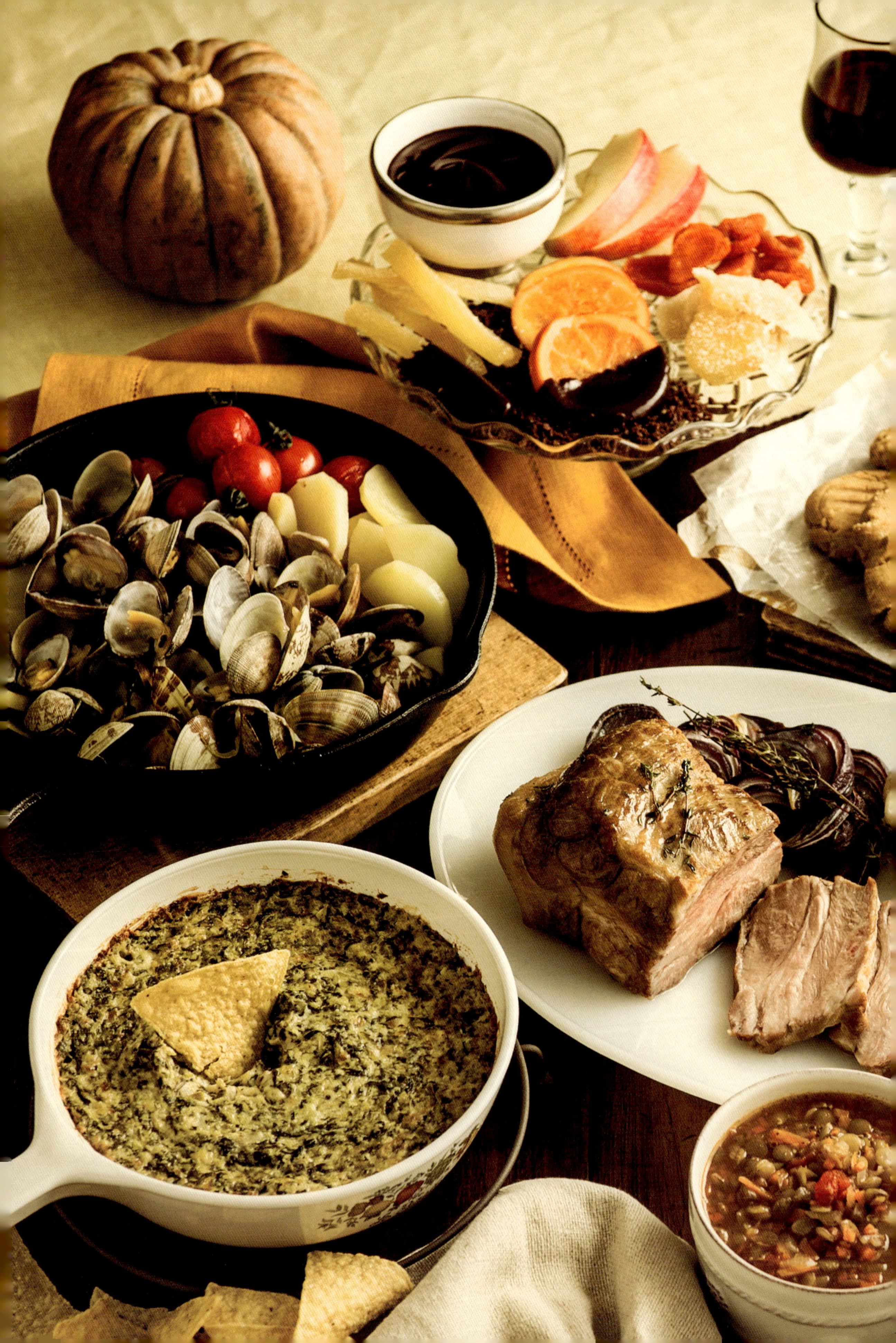

Roast Pork

**ローストポークで
おもてなしテーブル**

ホリデーシーズンの皮きりハロウィーンから
サンクスギビングデーをイメージしたテーブル。
今年の豊作、収穫に感謝をします。

OMOTENASHI
MENU

ローストポーク
あさりと野菜のガーリックワイン蒸し
スピナッチアーティチョークディップ
レンズ豆のスープ
コーンブレッド
チョコディップフルーツ
ピーナッツバタークッキー

ローストポーク

塩だけで焼いたとは思えないほどジューシーでやわらかい焼き上がり。
ソースが必要であれば天板にたまったグレービーをつけて召し上がってくださいね。

材料：4人分

豚肩ロースブロック……550g
塩……小さじ1
EXVオリーブオイル……大さじ1
紫玉ねぎ……1個
セロリ（葉つき）……1本
タイム（生）……6本
にんにく……丸ごと1個

1. 豚肉の表面に塩を塗ってバットに入れ、ラップをして最低2時間以上冷蔵庫におく（a）。出た水は捨て、肉の周りの水分はペーパータオルを巻いてしみ込ませる。
2. フライパンにオリーブオイルを中火で熱し、1を焼き色がつくまで向きを変えながら焼き付ける。
3. 天板に2、くし形切りにした紫玉ねぎ、適当な大きさに切ったセロリ、タイム、皮をつけたまま上下を少しだけ切り取った丸ごとにんにくをのせる。150℃に温めたオーブンで20分焼いた後、180℃に温度を上げてさらに20分焼く。
4. オーブンから取り出し、アルミ箔をかぶせて30分以上おいてから切り分ける。皿に盛り付けるときは、セロリは除く。

a

Part 4 • Holidays And Event Recipes

あさりと野菜の
ガーリックワイン蒸し

ガーリック風味のワイン蒸しは、あさりの旨みを
たっぷり吸ったじゃがいもが何とも贅沢！

材料：4人分（ふた付9インチスキレット1個分）

あさり（殻つき、砂出し済）……400g　バター……
15g　にんにく　　1かけ　玉ねぎ……1/2個
じゃがいも……2個　ミニトマト……8個　白ワイン
……100ml　塩……少々　バゲット……適量

1. スキレットにバター、皮をむき包丁の腹でつぶした
にんにく、繊維に沿って薄切りにした玉ねぎ、5mm
程度の厚さの半月切りにしたじゃがいもを入れて、
半ば火が通るまで中火で炒める。
2. 1にあさり、ミニトマト、白ワインを入れ、強火にして
ひと煮立ちさせ、ワインのアルコールをとばしたらふ
たをして、あさりの口が開くまで約2〜3分蒸し焼
きにする。
3. 塩で味を調える。バゲットを薄切りして添える。

スピナッチ
アーティチョークディップ

アメリカのバーでは定番のアペタイザーのひとつ。
おいしくてくせになること間違いなし。

材料：4人分（500mlキャセロール1個分）

ほうれん草……1わ
アーティチョークマリネ（瓶詰・P3参照）
　　……1瓶（170g）
A ［クリームチーズ　80g、マヨネーズ　30g、サワーク
リーム　25g、パルメザンチーズ（粉）大さじ3、ガー
リックパウダー　少々］
コーンチップス……適量

1. ほうれん草は熱湯で茹でて水けを絞ってみじん切
りにする。
2. アーティチョークはマリネ液をきってサッと水洗いし
て水けをきり、粗めのみじん切りにする。
3. ボウルにAを混ぜ合わせ、1、2を加えて混ぜ、キャ
セロールに入れる。230℃に温めたオーブンで約
10分、焼き色がつくまで焼く。
4. コーンチップスですくって食べる。

レンズ豆のスープ

下茹でだけですぐ使えるレンズ豆は、とても便利。シンプルなトマトスープに加えて。

材料：4人分

レンズ豆……200g　水……1000ml　玉ねぎ……1個　にんじん(小)……1本　EXVオリーブオイル……大さじ1　トマト水煮缶(カット)……1/2缶(200g)　赤ワイン……100ml　みそ……大さじ1　ローリエ……1枚　お好みのハーブソルト……大さじ1　黒こしょう……適量

1. レンズ豆を洗い、たっぷりの水（分量外）と鍋に入れて強火で加熱し、沸騰してアクが出てきたらざるに茹でこぼし、さっと水洗いする。同じことをもう一度繰り返したら、豆と1000mlの水を鍋に入れて、ふたをして豆がやわらかくなるまで弱火で煮る。
2. 玉ねぎとにんじんをみじん切りにして耐熱容器に入れ、オリーブオイルを混ぜる。ラップをして電子レンジで3分加熱する。
3. 1に2とトマト水煮、赤ワイン、みそ、ローリエを加え、ワインのアルコールがとぶまでかき回しながら強火で加熱する。ハーブソルトと黒こしょうで味を調える。

コーンブレッド

アメリカならではの、コーングリッツをたっぷり使ったほんのり甘いコーンブレッド。おやつにも朝食にも！

材料：4～5人分（角型18×18cm 1個分）

無塩バター……60g　牛乳……200ml　卵……1個　はちみつ……120g　コーングリッツ……200g　薄力粉……20g　強力粉……100g　グラニュー糖……40g　ベーキングパウダー……小さじ2　塩……小さじ1

1. バターを耐熱容器に入れて、電子レンジに20～30秒かけて溶かす。
2. 牛乳、卵、はちみつをボウルに入れてよく混ぜたら、1を加えて混ぜ合わせる。
3. 別のボウルに残りの材料を全部入れ、よく混ぜ合わせたら2を加えて混ぜ合わせる。
4. 型にオーブンシートを敷き、3を流し入れ、180℃に温めたオーブンで35分焼く。粗熱がとれたら型から外し、紙をはがす。好みの大きさに切り分ける。

チョコディップフルーツ

パーティーのデザートには、仕上げは自分でするものが喜ばれます。チョコを好きなだけディップして。

材料：4人分

りんご……1個　ドライアプリコット……12個　ドライパイナップル……12本　ドライオレンジ（薄切り）……4枚　ドライジンジャー……12個　チョコレート……200g　生クリーム……50ml　クッキークランチ（P3参照）……100g

1. チョコレートと生クリームを小鍋に入れ、弱火にかけて溶かす。
2. 薄く切り塩水（分量外）に漬けたりんご、ドライフルーツ各種の端を1にディップしてチョコレートをつける。
3. お好みで皿に敷いたクッキークランチをチョコレートの部分につける。

Tips! クッキークランチは、製菓材料を扱っているお店で購入できます。

ピーナッツバタークッキー

ピーナッツチャンクがたっぷりのピーナッツバタークッキーは、ほんのり塩味のあとを引くおいしさ！

材料：4人分　8枚

ピーナッツバタ（SKIPPY SUPER CHUNK・P3参照）……90g　無塩バター……50g　グラニュー糖……30g　ブラウンシュガー……30g　卵……1/2個　薄力粉……50g　塩……少々　アーモンドプードル……15g　ベーキングソーダ……小さじ1/4　ベーキングパウダー……小さじ1/4

1. ピーナッツバターとバターをボウルに入れて室温に戻し、クリーム状に混ぜる。グラニュー糖とブラウンシュガーを加えて混ぜ合わせたら、卵を加えて混ぜる。
2. 別のボウルで薄力粉、塩、アーモンドプードル、ベーキングソーダ、ベーキングパウダーを混ぜ合わせてから1に加えて、粉気がなくなるまで混ぜる。8等分のボール状に丸める。
3. オーブンシートを敷いた天板に2を3cmの間隔をとって並べ、フォークを押しつけて平らにする。170℃に温めたオーブンで20分焼く。

BBQ & Orange Baby Back Ribs
BBQ＆オレンジベイビーバックリブでおもてなし

大きめのベイビーバックリブは２つに分けてお料理！
気楽に手でつまんで食べられるおもてなしは、気心の知れた仲間たちと！

OMOTENASHI
MENU

BBQ & オレンジベイビーバックリブ
ホタテベーコンソテー
紫玉ねぎとグレープフルーツのサラダ
フレッシュトマトレリッシュ
ピンクソルトとオリーブオイルのフォカッチャ
ブラックオリーブのフォカッチャ
シナモンカラメルバナナとフワフワメレンゲデザート
チョコチップオートミールクッキー

Baby Back Ribs
ベイビーバックリブとは?

ベイビーバックリブという名前から子豚のリブを想像してしまいますが、そうではなく、あばら骨の部分のスペアリブよりも小さいという意味でBABYといいます。スペアリブよりも脂が少ないので煮込んだり茹でたりすると、お肉がホロホロっとしてとても食べやすくなります。アメリカではBBQソースをたっぷり塗って焼くのが定番です。

BBQ&オレンジベイビーバックリブ

スパイシーなBBQ（バーベキュー）味とオレンジ風味。
どちらも骨からほろっとはずれるやわらかお肉に仕上がります。

BBQベイビーバックリブ
材料：4〜8人分

ベイビーバックリブ……1kg　A［大葉にんにく醤油（P60参照）大さじ4、にんにく（すりおろす）1かけ、トマトケチャップ　大さじ5、中濃ソース　大さじ2、はちみつ　大さじ3、赤ワイン　大さじ2］

1. 大鍋にベイビーバックリブとたっぷりの水（分量外）を入れてふたをして、アクをとりながら弱火で1時間ゆっくり茹でる。水が少なくなったら水を足す。
2. Aの材料をボウルに入れて混ぜ合わせる。
3. 1のリブの水けをきり粗熱がとれたら、オーブンシートを敷いた天板の上にのせ、2を刷毛で表裏にまんべんなく塗る。
4. 200℃に温めたオーブンで15〜20分焼く。途中で一度取り出し、再度2をまんべんなく塗る。焼き色がついたら焼き上がり。

オレンジベイビーバックリブ
材料：4人分

ベイビーバックリブ……約500g　にんにく（すりおろす）……2かけ　しょうゆ……50ml　オレンジ……1個　果汁100%オレンジジュース……200ml　赤ワイン……50ml

1. ベイビーバックリブを骨1本ずつに切り分け、おろしにんにくをすりこみ、軽く塩、こしょう（分量外）する。
2. オーブンシートを敷いた天板に1を並べ、200℃に温めたオーブンで約30分焼く。肉に焦げ目がついたらしょうゆを回しかけ、さらに5分ほど焼く。
3. オレンジの皮は塩でもんできれいに洗って薄切りにし、オレンジジュース、赤ワインと一緒に鍋に入れる。
4. 焼き上がった肉と肉汁を3の鍋に入れて強火にかけ、沸騰したら弱火にし、鍋のふたをして30分ほど煮込む。

ホタテベーコンソテー

ほたての旨みとベーコンのコクを同時に味わえるソテー。ほたては火の通しすぎに注意して!

材料:5人分

ほたて貝柱(刺身用)……10個　ベーコン……10枚　無塩バター……小さじ1　しょうゆ……大さじ1　片栗粉……少々　チャービル(生)……少々

1. ベーコンの片面に、茶こしなどを使い片栗粉を少量ふる。
2. 片栗粉をふった面にほたてをのせ、ベーコンを巻きつけ、おしまいを爪楊枝でとめる。ベーコンの幅が広すぎる場合は半分に切るか折って使う。
3. フライパンにバターを入れて中火で熱し、2を並べたら弱火にし、両面をサッと焼く。立てるようにして側面のベーコンに火を通す。
4. 焼き上がりにしょうゆを鍋肌にジュっと入れ、全体にからめる。皿に盛り付けチャービルを添える。

Tips! 刺身用のほたてを使っているので、火を通しすぎないのがおいしく仕上げるコツです!

紫玉ねぎとグレープフルーツのサラダ

女性に嬉しい栄養素がたっぷり詰まったシトラスマリネサラダは、お口直しにぴったり!

材料:4人分

紫玉ねぎ……1/2個　グレープフルーツ(ルビー)……1個　オレンジ(あればブラッドオレンジ)……1個　ザクロジュース……45ml　赤ワインビネガー……大さじ1　塩……小さじ1/4　スペアミント(生)……少々

1. 玉ねぎは繊維に沿って薄切りにして水にさらす。グレープフルーツとオレンジは包丁で皮をむき、実だけを袋から切り出す。
2. ザクロジュース、赤ワインビネガー、1のシトラスの実を切り取った後の袋を絞った果汁、塩を混ぜる。
3. 1と2を合わせて、2時間ほど冷蔵庫でマリネする。
4. 皿に汁ごと盛り付け、ミントを添える。

Tips! 玉ねぎはスライサーで薄くするとおいしい。

ピンクソルトとオリーブオイル、ブラックオリーブのフォカッチャ

2種類のフォカッチャ、トマトのレリッシュと一緒に！

材料：各4人分

フランスパン用強力粉……450g　塩……小さじ1　砂糖……小さじ1と1/2　ドライイースト……5g　ぬるま湯……280ml　EXVオリーブオイル(生地用)……大さじ3　EXVオリーブオイル(トップコーティング用)……大さじ2　ヒマラヤピンクソルト(粗びき・P3参照)……大さじ1/4程度　ブラックオリーブ……10個程度

1. ドライイーストをぬるま湯に入れて溶かす。
2. 強力粉、塩、砂糖、1を混ぜ合わせる。生地がまとまったら、オリーブオイル大さじ3を加えてさらにこねる。
3. ボウルから生地を取り出し、台の上で生地が滑らかに、弾力が出るまで10〜15分ほどこねたら生地を丸めて、オリーブオイル(分量外)を塗ったボウルに入れる。ラップをかけて暖かい場所に1時間おく。
4. 倍くらいに膨らんだ生地を2つに切り分けて指で軽くつぶす。それぞれの表面が滑らかになるように丸め、台の上において再度ラップをかけて15分おく。
5. 天板サイズのオーブンシートの上で、4を厚み1cmの角が丸い四角にめん棒でのばす。シートごと天板にのせてラップをかけ40分ほど暖かい場所におく。
6. 5の生地に指で深いくぼみを作り、オリーブオイルを塗る。1枚にはピンクソルトをふる。もう1枚には半分に切ったブラックオリーブを穴に詰める。
7. 200℃に温めたオーブンで20〜25分焼く。

フレッシュトマトレリッシュ

コトコト煮込むだけの簡単ソース、お肉にも魚にも！

材料：作りやすい分量

トマト……5個(約700g)　紫玉ねぎ……1/2個　にんにく(すりおろす)……1かけ分　しょうが(すりおろす)……小さじ1/2　オールスパイス……小さじ1/4　チリパウダー……小さじ1/4　マスタードシードピクルス(瓶詰・P3参照)……小さじ2　塩……小さじ1　ホワイトバルサミコ酢……100ml

1. トマト、紫玉ねぎをみじん切りにして鍋に入れ、残りすべての材料を加える。ふたをして、吹きこぼれない程度の火力で1時間煮る。
2. ふたを外し、さらに40〜50分弱火でコトコト煮る。水分が少なくなってきたら、焦げ付かないよう時々かき回す。半量ぐらいになるまで煮詰める。

Part 4 • Holidays And Event Recipes

シナモンカラメルバナナと
フワフワメレンゲデザート

カラメライズしたバナナとメレンゲの食感を楽しんで！

材料：6人分
（直径23cm＜底部分直径18cm＞パイ皿1個分）

フィリング
バナナ（小さめ）……6本　グラニュー糖……50g
シナモンパウダー……小さじ1/2

メレンゲ
卵白……4個分　グラニュー糖……120g

1. フライパンにグラニュー糖50gを広げ、その上に皮をむいたバナナを並べ、中火で動かさず加熱する。グラニュー糖が溶けて透き通ったら裏返し、グラニュー糖がカラメル状になるまで焼く。
2. パイ皿に**1**を並べ、シナモンをふりかける。
3. 卵白4個、グラニュー糖120gでP87の作り方**8**〜**9**と同様にメレンゲを作る。
4. メレンゲを**2**のバナナの上にのせ、パイ皿の縁からこんもりドーム状になるようにヘラで成形する。
5. 220度に温めたオーブンで4〜5分、表面に薄い焼き色がつくまで焼く。冷蔵庫で10分ほど冷やしてから切り分ける。

チョコチップ
オートミールクッキー

ザクザクのクッキーなのにとろけるような食感！

材料：8枚分

無塩バター……50g　ブラウンシュガー……30g
グラニュー糖……20g　卵……1/2個　薄力粉
……60g　ベーキングソーダ……小さじ1と1/2
ベーキングパウダー……小さじ1　オートミール……
30g　シナモンパウダー……小さじ1/4　チョコレート
チップ……100g　くるみ（小さく割ったもの）……40g

1. 室温にもどしたバターをボウルに入れてクリーム状に練り、砂糖2種類を加えて混ぜ合わせる。卵を加え、よく混ぜ合わせる。
2. 薄力粉、ベーキングソーダ、ベーキングパウダー、シナモンを別のボウルで混ぜ合わせ、**1**に加えて粉気がなくなるまで混ぜる。オートミールを加えて軽く混ぜ合わせたら、チョコレートチップとくるみを加えてざっくりと混ぜる。
3. オーブンシートを敷いた天板に**2**を8等分にしてスプーンですくい、3cmの間隔をあけてこんもりとおき、170℃に温めたオーブンで10〜15分焼く。

食後に欠かせない甘いデザート

数多いアメリカの定番スイーツから私が大好きなものを選びました。
作るのも楽しいものばかりです。オーブンの中、油の中でぐんぐん膨らむお菓子は楽しくておいしい！
真っ白なメレンゲにこんがり焼き色がつくタイミングも見逃さないようにしましょうね。

Part.5
Sweets

Sour Cream

Upside-Down Cake

Griotte Brownie

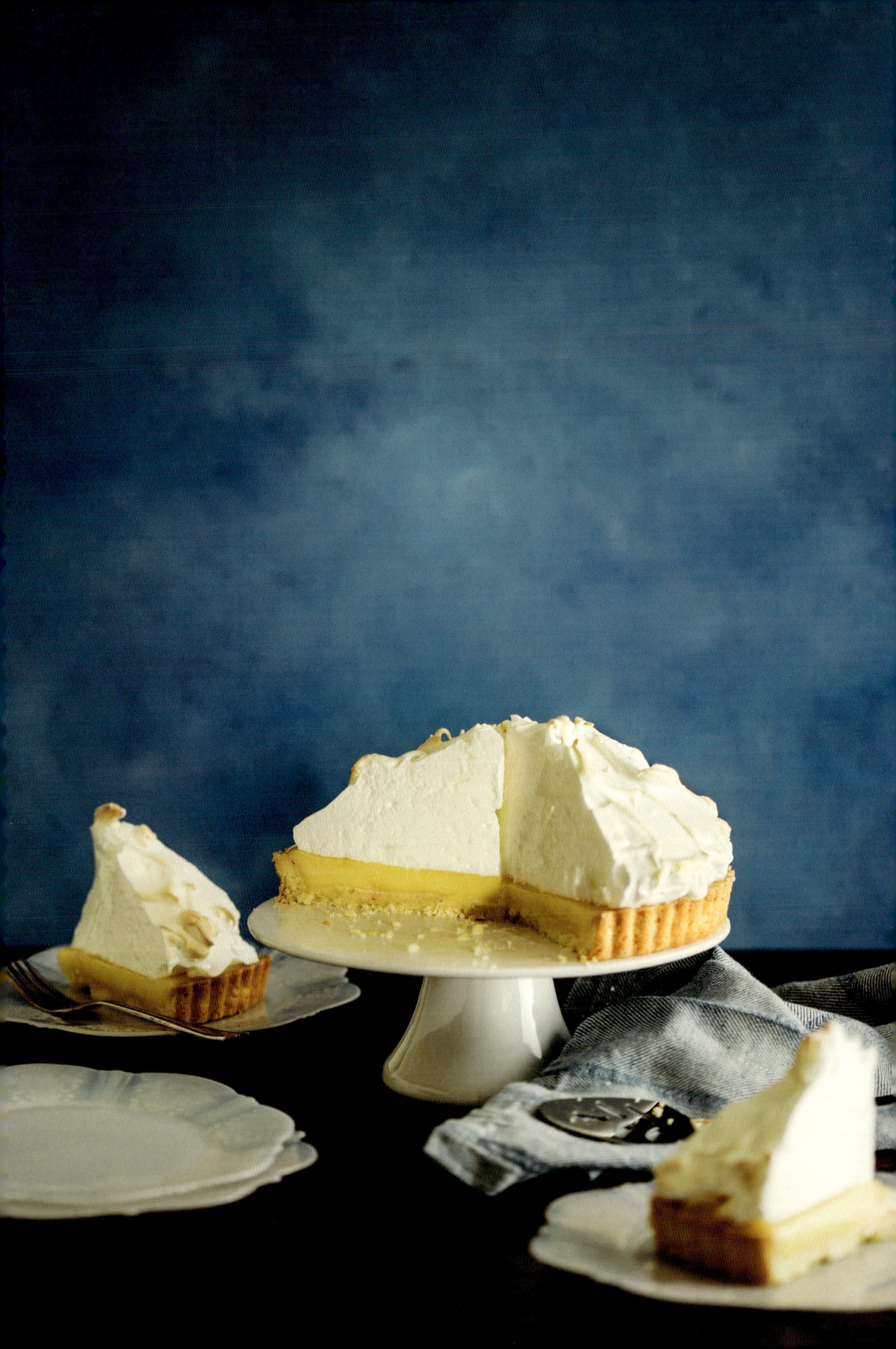

レモンメレンゲタルト

アメリカンタルトの定番。コーンスターチで濃度をつけたレモンフィリングのさわやかさは抜群！
ふわふわのメレンゲと一緒に頬張ってください。

材料：直径20cmタルト皿1個分

タルト生地（パートシュクレ）
　無塩バター……110g
　粉砂糖……60g
　塩……ひとつまみ
　卵黄……1個分
　薄力粉……200g

フィリング
　A［グラニュー糖 100g、コーンスターチ 25g、塩 少々］
　水……100ml
　B［レモンの皮すりおろし 小さじ1、レモン果汁 80ml、卵黄 4個分］
　無塩バター……10g
　熱湯……200ml

メレンゲ
　卵白……5個分
　グラニュー糖……150g

Meringue

土台のタルトはサクサクのサブレ！ しっかり焼き上げました。そして仕上げにオーブンで5分間。このたったの5分でメレンゲにこんがりとしたおいしそうな焼き色がつきます。

1. タルト生地を作る。室温にもどしたバターをボウルに入れてクリーム状に練り、粉砂糖と塩を加えてよく混ぜたら卵黄を加え、さらによく混ぜ合わせる。
2. 1に薄力粉を2度に分けてふるい入れ、その都度さっくりと混ぜ合わせる。粉気がなくなったらひとまとめにしラップで包んで冷蔵庫で半日以上休ませる。
3. 2を室温に戻し扱いやすいやわらかさになったら、ラップをピンと広げた上で、めん棒でのばし直径24cmの円形にする。
4. 3をラップごと持ち上げてタルト台に生地をかぶせる。直角の部分と側面の波型の部分は指でしっかり押しつけるように生地を貼りつける。はみ出した余分な部分は包丁で切り取る。
5. 4の底にフォークで穴をあけ、170℃に温めたオーブンで20～25分焼く。
6. フィリングを作る。鍋にAを入れて混ぜ合わせ、水を少しずつ加えて泡だて器で混ぜる。Bを加えてよく混ぜ合わせたらバターと熱湯を加えて混ぜる。
7. 6を中火にかけてヘラで混ぜながら加熱し、沸騰したら弱火にしてかき回しながら5分間煮る。すぐに5の8分目まで流し入れる。粗熱がとれたら冷蔵庫で冷やす。
8. メレンゲを作る。ボウルに卵白を入れ、底を氷水の入ったボウルにつける。
9. 卵白にグラニュー糖150gのうち大さじ1を入れ、泡立てる。白っぽく泡立ってきたら、グラニュー糖を大さじ1ずつ加えて、その都度泡立て、つやのあるメレンゲを作る。角が立つまで泡立てる。
10. 9を7の上にこんもりとのせ、ヘラで表面に動きをつける。
11. 10を220℃に温めたオーブンで4～5分焼いてメレンゲに焼き色をつける。冷蔵庫に戻し10分ほど冷やしてから切り分ける。

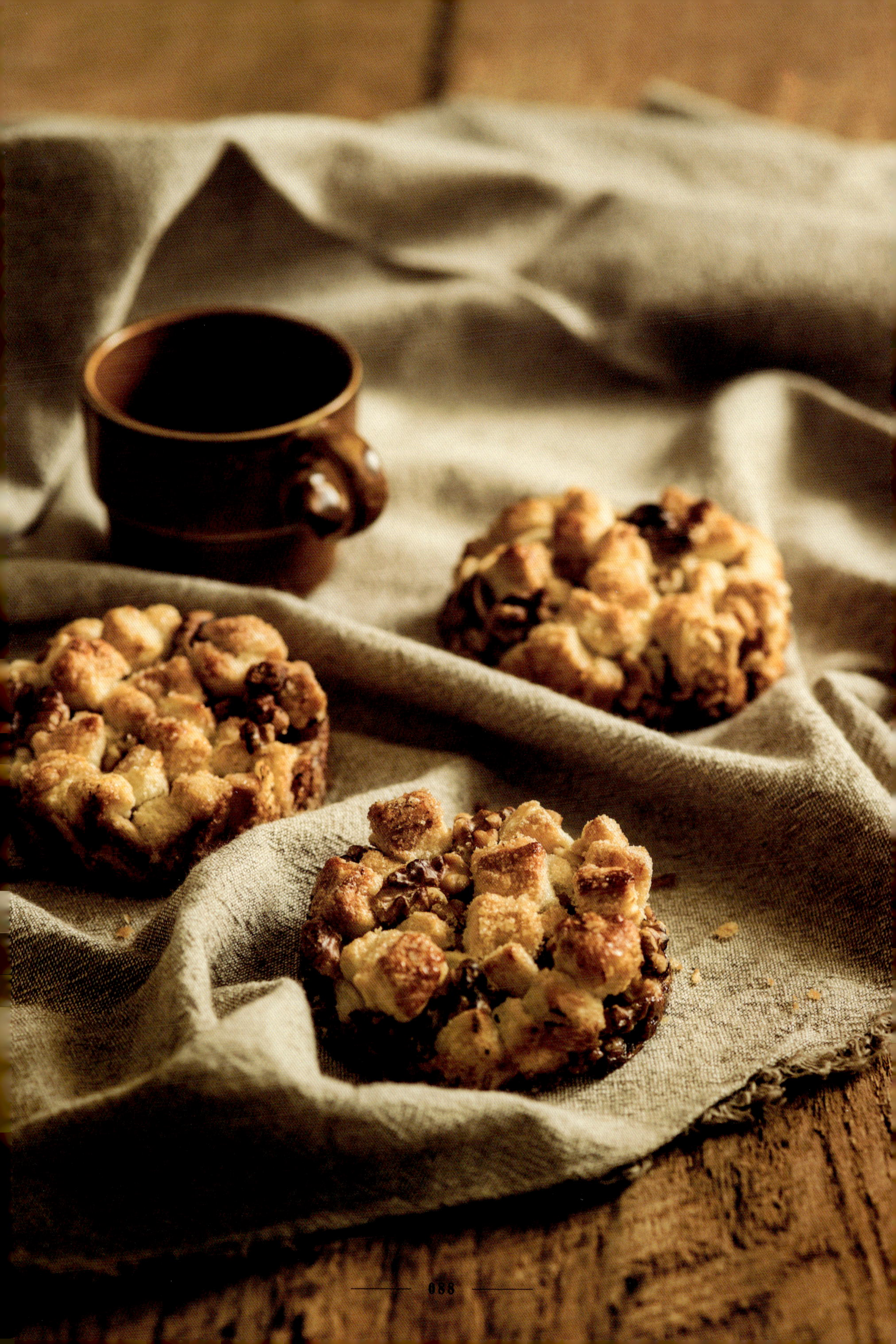

クルミのクロッカン

冷凍パイシートで簡単に作るクロッカン！ パイはサクサク、底のカラメルのカリカリがおいしい。
ほろ苦い中にカソナードの甘い香りがたまらないです。

材料：直径9cmのセルクル※5個分

冷凍パイシート……300g
くるみ……100g
グラニュー糖……50g
カソナード（P3参照）……50g
※セルクルとは底のない型のこと。

1. くるみはオーブンシートを敷いた天板にのせ、150℃に温めたオーブンで5分から焼きして、手で適当な大きさに砕き冷ます。
2. 冷凍パイシートを半解凍し1～2cm角に切る。
3. グラニュー糖、カソナード、1、2をボウルに入れて混ぜる。
4. 天板にオーブンシートを敷き、セルクルをのせて3を詰める。（a）
5. 200℃に温めたオーブン下段で10分焼いたら、上段に移して15分焼く。
6. 粗熱がとれたらセルクルからそっと取り出し、冷ます。

Tips!
- 完全に冷めてしまうと、型から取れなくなるので気をつけて！
- カソナードはサトウキビ100％のブラウンシュガーです。製菓材料を扱っているお店で購入できます。普通のブラウンシュガーでも代用可。

Croquant

カラメルの歯ごたえがたまらない！
パイシートに均等に混ぜたグラニュー糖がオーブンの中で溶けて底にたまります。これがじっくりと焼かれるとほんのり苦味のあるカラメルに仕上がります。セルクルから流れ出たパリパリのカラメルもおいしいですよ。

ズッキーニブレッド

アメリカではとてもポピュラーなケーキ。ズッキーニをたっぷり焼き込んでいるのに、全然野菜感がないおいしいケーキです。シナモンとメープルの風味が最高!

材料：約8×17×高さ6.4cmの型1個分

ズッキーニ……100g
A［薄力粉 80g、アーモンドプードル 20g、ベーキングパウダー 小さじ1/4、ベーキングソーダ 小さじ1/2、シナモンパウダー 小さじ1/4］
卵……1個
グラニュー糖……50g
メープルシロップ……50ml
太白ごま油……50ml
くるみ……30g

1 ズッキーニはせん切りにして水けをギュッと絞る。
2 ボウルにAをすべて入れ、よく混ぜ合わせる。
3 別のボウルで卵とグラニュー糖を混ぜ合わせたら、メープルシロップと太白ごま油を加え、乳化するまで泡立て器でよく混ぜ合わせる。
4 3に2を加えて粉気がなくなるまで混ぜ合わせ、小さく割ったくるみと1を加えて混ぜる。
5 オーブンシートを敷いた型に流し入れ、170℃に温めたオーブンで45分焼く。

Tips! 太白ごま油ではなく、サラダ油で作ってもおいしい。

メキシカンフラン

メキシカンスイーツ。生クリームで作るかためのプディングです。昔ながらの
かためのプリンが好きな自分へのご褒美はこれ！ カラメルたっぷりで作るのが大好き。

材料：4人分
（270mlココット4個分）

カラメル
　グラニュー糖……100g
　水……大さじ2
　熱湯……大さじ2
　無塩バター……少々

フラン
　牛乳……160ml
　グラニュー糖……70g
　卵……3個
　生クリーム……200ml
　バニラエッセンス……少々

ラズベリー……12個
ブルーベリー……16個
スペアミント……適量

1 カラメルを作る。鍋にグラニュー糖と水を入れて中火にかけ、ぶくぶくと沸騰し周りが褐色に色づいてきたら弱火にして、鍋を静かに回す。余熱で火が通るので、薄いカラメル色になったら火からおろす。熱湯をごく少量ずつ加えてカラメルをのばす（はねるので要注意・最初に加える熱湯は本当に少量を）。

2 側面にバターを塗ったココットに1を等分に入れ、そのままおいておく。

3 フランを作る。人肌に温めた牛乳とグラニュー糖を混ぜ、卵、生クリーム、バニラエッセンスを静かに混ぜ合わせる。2に等分に注ぎ入れる。

4 天板にペーパータオルやキッチンクロスなどを敷きつめ、その上に3を隣とぶつからないようにおく。ペーパータオルがびしょびしょになる程度の熱湯（分量外）を天板に注ぐ。

5 160℃に温めたオーブンで約20〜25分焼く。オーブンからココットを取り出し、粗熱がとれたら冷蔵庫で冷やす。

6 皿にふせてフランを型から出し、ベリー2種類とミントを添える。

シナモンクラムケーキ

ふんわりやわらかいサワークリームケーキの上に、
シナモンとブラウンシュガーたっぷりのクラムを広げて香ばしく焼いたアメリカンケーキ！

材料：15×15cm角型1個分

ケーキ
- 薄力粉……85g
- ベーキングパウダー……小さじ1/2
- ベーキングソーダ……小さじ1/2
- 塩……少々
- 無塩バター……40g
- グラニュー糖……80g
- 卵……1/2個
- サワークリーム……75g
- バニラエッセンス……少々

トッピング
- ブラウンシュガー……40g
- グラニュー糖……15g
- シナモンパウダー……小さじ1と1/2
- 無塩バター……35g
- 薄力粉……55g

1. ケーキを作る。ボウルに薄力粉、ベーキングパウダー、ベーキングソーダ、塩を入れて混ぜる。
2. 別のボウルで室温に戻した無塩バターとグラニュー糖をよく混ぜ、卵を加えてさらに混ぜる。ふんわりしてきたところにサワークリームとバニラエッセンスを加えて混ぜ合わせる。
3. 2に1を加え粉気がなくなるまで混ぜ、オーブンシートを敷いた型に平らに入れる。
4. トッピングを作る。ブラウンシュガー、グラニュー糖、シナモンパウダーをボウルに入れて混ぜ小鍋で溶かしたバターを温かい状態で加えて混ぜ合わせる。
5. 薄力粉を4に加えてフォークでざっくり混ぜ合わせ、手に薄力粉（分量外）をつけてこするようにしながら3の全面にのせる。
6. 200℃に温めたオーブンで10分焼き、180℃に下げてさらに20分焼く。

サワークリームドーナツ

アメリカでよく食べたサワークリームドーナツは、定番中の定番。
オールドファッションよりも軽めの生地がおいしい。砂糖と水だけで作ったグレイズを2重に!

材料：10個分

卵……1個(50g)
グラニュー糖……65g
サワークリーム...65g
バニラエッセンス……少々
太白ごま油……小さじ1
薄力粉……200g
ベーキングパウダー……小さじ1/2
ベーキングソーダ……小さじ1/2
揚げ油……適量

グレイズ
　粉砂糖……100g
　水……大さじ1と小さじ1程度

1　ボウルに卵を割りほぐしグラニュー糖を加えて混ぜ合わせる。さらにサワークリームを加えて滑らかに混ざったら、バニラエッセンスと太白ごま油を加えて混ぜる。
2　別のボウルに薄力粉、ベーキングパウダー、ベーキングソーダを混ぜ合わせたら1に加えて粉気がなくなるまで混ぜる。
3　台に薄力粉(分量外)をふり、2をよくこねる(生地が台にくっつくようなら薄力粉を少量ふる)。生地を丸め、めん棒で1cm弱の厚み(直径約22cmの円形)にのばす。
4　ドーナツの抜型の内側に太白ごま油(分量外)を薄く塗り、3の型を抜く。170に熱した揚げ油で、途中で裏返しながら2分ほど揚げる。
5　グレイズを作る。粉砂糖に水大さじ1を入れて混ぜ、続いて小さじ1を加えて混ぜる。必要なら少量ずつ加水する。揚がったドーナツの片面をグレイズにつけ、ケーキクーラーの上で冷ます。好みでもう一度グレイズを重ねる。

Donut ドーナツ型を使うと嬉しいこと

大きさのそろったドーナツを作るには型を使えば簡単。ドーナツ型を使うと嬉しいことがもうひとつ。ドーナツの穴を抜いた生地がまんまるのボールに揚がること。アメリカではこのボールも「Donut Holes(ドーナツの穴)」という名で売られています。本来ドーナツの穴は穴であって実際には存在しないもの。でもドーナツ型を使うと「穴」ができる! ちょっと嬉しいでしょう。

グリオットブラウニー

元祖ブラウニーといえば、アメリカンタイプのずっしりタイプのブラウニー。
濃厚なチョコレート生地の中に仕込んだ酸味の強いグリオットチェリーがたまらない！

材料：18×18cm角型1個分

無塩バター……120g
チョコレート（カカオ分56％）……120g
グラニュー糖……200g
卵……2個
薄力粉……130g
ココアパウダー……大さじ2
グリオットチェリー（冷凍・P3参照）
　　……100g

1. バターとチョコレートをボウルに入れ、湯せんにかけて溶かす。
2. 別のボウルにグラニュー糖を入れ、卵を1個ずつ加えてその都度よく混ぜる。
3. 別のボウルに薄力粉とココアを混ぜてふるう。
4. 1に2を混ぜ合わせたら3を加え、粉気がなくなるまで混ぜる。ペーパータオルの上で解凍しておいたグリオットチェリーを加えて混ぜる。
5. 型にオーブンシートを敷き、4を流し入れて表面を平らにする。
6. 180℃に温めたオーブンで、35〜40分焼く。粗熱がとれたらオーブンシートごと取り出す。オーブンシートをはがし、ラップでぴったりと包む。冷めてから切り分ける。

アップサイドダウンケーキ

型の底面を上にしてサーブするアップサイドダウンケーキのオリジナルは、
パイナップルとチェリーで作ります。砂糖がカラメルになっている部分のおいしさと言ったら!!

材料：18×18cm型1個分

無塩バター……30g
ブラウンシュガー……40g
パイナップル(缶詰・薄切り)……4枚
チェリー(缶詰)……4個
A ［グラニュー糖 130g、牛乳 150ml、
　　太白ごま油 大さじ2、卵 1個、レモ
　　ンエッセンス 少々、バニラエッセンス
　　少々］
薄力粉……160g
ベーキングパウダー……小さじ1/2
塩……ひとつまみ

1 小鍋でバターを溶かし型に流し入れ、ブラウンシュガーを均等にふる。ペーパータオルなどで水りを拭き取ったパイナップルとチェリーを型に並べる。
2 Aをボウルに入れて混ぜ合わせる。
3 別のボウルで薄力粉、ベーキングパウダー、塩を混ぜ合わせてから2を少しずつ加えて、粉気がなくなるまで混ぜる。
4 3を1に静かに流し入れ、180℃に熱したオーブンで25～30分焼く。焼き上がったらオーブンから出し、2～3分後に逆さまにして型から取り出す。

Tips! 完全に冷めてしまうとカラメルが固まって取り出しにくくなるので気をつけて!

Profile
岸田夕子（勇気凛りん）

料理家、「レシピブログ」オフィシャルパートナー。シカゴ在住中の2006年より、料理レシピ投稿サイト「クックパッド」にオリジナルレシピの投稿を始める。その後ブログを開設し、テレビ、新聞、雑誌などのメディアで取り上げられ、人気に。著書に『勇気凛りんのとっておきごはん』（毎日コミュニケーションズ）、『凛りんさんちのハチミツみそレシピ』（飛鳥新社）、『いつもの野菜で気軽に作るデリ風サラダ SALAD STYLE』（扶桑社）、『ロッジ発 スキレット絶品レシピ』（イカロス出版）がある。

岸田夕子オフィシャルブログ
「勇気凛りん＊おいしい楽しい」
http://yuko-kishida.blog.jp/

クックパッド公式キッチン
http://cookpad.com/kitchen/212659

ブックデザイン	FROG（藤原未奈子・大井綾子・神部彩香）
DTPワーク	吉村朋子
撮影	佐藤 朗
スタイリスト	小坂 桂
料理補助	池川麻実　水澤彩佳
撮影協力	UTUWA
	オーガニック製品総合輸入会社「おもちゃ箱」TEL 03-3759-3479
	オリーブオイル専門輸入会社「ベリタリア」TEL 084-931-3510
校正	坪井美穂
編集	綛谷久美

Homemade American "KONGARI" Recipes
シカゴ発 絶品こんがりレシピ

2015年10月10日　第1刷　発行
2016年 3月 1日　第2刷　発行

著者	岸田夕子（勇気凛りん）
発行人	塩谷茂代
発行所	イカロス出版株式会社
	〒162-8616 東京都新宿区市谷本村町2-3
	編集 TEL 03-3267-2719
	販売 TEL 03-3267-2766
	http://www.ikaros.jp
印刷・製本	図書印刷株式会社

©Yuko Kishida, 2015 Printed in Japan

※本誌掲載のレシピ、文章、写真等は無断でコピー・スキャン、デジタル化等の無断複製・転載は著作権法上での例外を除き禁じられています。
本書を代行業者等の第三者に依頼してスキャンやデジタル化することはたとえ個人や家庭内の利用でも著作権法違反です。

※乱丁・落丁本はお取り替えいたします。